The Road to Wigan Pier

喬治·歐威爾深入工人階級
洞見社會結構的不平等
他以親身經歷,揭示工業革命後
底層人民的掙扎與抗爭

烏托邦的幻象!

—— 喬治·歐威爾 George Orwell 著　梁煜 譯 ——

樂律

穿越工業迷霧,親歷煤礦區
揭示底層階級的無聲掙扎

喬治·歐威爾筆下的社會真相
人性、勞動與未來的拷問

目錄

Part One
工業化的反思：我們可以改變的未來
- 工業化與人性的碰撞……………………………006
- 從黑暗中看到的光………………………………020
- 礦工的真實生活…………………………………033
- 臨時住所的困境…………………………………047
- 底層人民的生活困境……………………………069
- 貧困中的抗爭……………………………………084
- 英格蘭社會的裂痕與對立………………………098

Part Two
當人們渴望工作時，才是真正的解放
- 無產階級的聲音…………………………………112
- 社會的異化………………………………………126
- 階級間的對立與合作……………………………142

目錄

創作背後的社會責任……………………………… 157
機器文明的悖論 ………………………………… 172
重拾人性與尊嚴 ………………………………… 202

Part One
工業化的反思：
我們可以改變的未來

✦ Part One　工業化的反思：我們可以改變的未來

┃工業化與人性的碰撞┃

　　清晨的第一陣聲響總是工廠女工們踩著石子路前行的笨重木屐聲。在那之前，我想應該還有工廠裡汽笛的鳴叫聲，但當時我還在酣睡，從來也沒聽見過。

　　我的床在靠門右手邊的角落裡。還有一張床橫放在我的床尾，和我的床緊緊貼在一起（必須放成這個樣子，否則無法開門），因此我不得不蜷著身體睡覺，如果腳伸直就會踢到那張床上睡客的腰背。他是位名叫賴利的老先生，精通機械，在一家煤礦公司上班而且「職位很高」。好在他早上五點就去上班，在他出門後我就能夠伸直雙腿，舒舒服服地睡上幾小時。對面那張床上睡著一個蘇格蘭礦工，他在一次煤礦事故中受了傷（他被一塊巨大的石頭壓住，過了幾個小時後，其他人才把石頭撬開），拿到了五百英鎊的補償金。他已年屆不惑，但還是魁梧英俊，頭髮有些灰白，鬍鬚修剪得整齊，看起來不像礦工，倒像是軍隊裡的士官長。他從早到晚都躺在床上抽著菸斗。另一張床上睡的是各式各樣的販夫走卒，通常待幾個晚上就走了。那是張雙人床，是這間房裡最好的一張床。我自己第一晚也睡過，但為了騰出空位給另一位住客，被人挪了出來。我猜所有新來的人第一個晚上都睡那張雙人床，也就是所謂當「誘餌」的床。所有的窗戶都關得緊緊的，底部塞著一個紅色的

沙包,早上的時候這房裡臭不可聞,簡直跟豬圈一樣。你起床的時候還沒注意到,但等你出去一趟再回來,那股惡臭撲鼻而來,能臭得你暈頭轉向。

　　我一直不清楚這棟房子裡究竟有多少個房間,奇怪的是,居然有一間浴室,而且在布魯克時代之前就有了。樓下是那種常見的和廚房相連的客廳,巨大的壁爐夜以繼日地燃燒著柴火。頭頂的天窗是房間裡唯一的光線來源,因為左右分別有一家商店和一間食品儲藏室。食品儲藏室的地下室裡存放著動物內臟。一張變了形的沙發半擋住食品儲藏室的門,布魯克太太——我們的房東太太,永遠都病懨懨地、蓋著髒兮兮的毯子躺在沙發上。她面色蠟黃,大大的臉上總是帶著焦慮。沒人知道她到底生了什麼病,而我懷疑她唯一的問題其實就是吃太多了。火爐前面幾乎總是有一堆溼淋淋的衣服。房間中央是一張大餐桌,房東一家和房客們都在這裡吃飯。我從來沒見過桌面真實的樣子,只是時不時發現換了不同樣子的桌布。最下面墊著一層舊報紙,上面沾著辣醬油;報紙上面有一張黏糊糊的白色油布,油布上又有一張綠色的絲綢布料,再上面又有一張從未更換過也很少換下來的粗糙亞麻布。一般說來,早餐時掉下的麵包屑到晚飯的時候都還在桌上。我以前甚至能用肉眼分辨每一片麵包屑,看著它們一天天在桌上桌下漸漸變質。

　　商店店面狹小,氣氛冷清。窗戶外面有幾個白色字母,都

✦ Part One　工業化的反思：我們可以改變的未來

是不知多久以前的巧克力廣告留下來的「遺跡」，像星星般各自散落一隅。屋裡有一張桌子，上面放著一大堆動物內臟，毛茸茸灰色的是「黑豬肚」，還有已經煮好的、詭異透明的豬腳。這是一家普通的「生鮮蔬菜」店，除了麵包、香菸和一些罐頭之類的玩意，就沒什麼東西了。窗戶上倒是貼了賣「茶」的廣告，但要真有客人想要喝杯茶，八成也會被找個藉口打發了。布魯克先生已經失業兩年了，本來是個礦工，不過他們夫妻倆一直都在經營各類店鋪作為副業。他們一度還開了個酒吧，但因為坐視店內賭博不理而被吊銷了執照。我懷疑他們做的工作可能都沒有賺錢；他們就是那種隨便做個生意好以此來訴苦的人。布魯克先生皮膚黝黑，身形矮小，滿臉的酸楚，還髒得要死。我好像從沒見過他雙手乾淨的時候。由於布魯克太太現在纏綿病榻，所以主要是他做飯。和所有雙手永遠髒兮兮的傢伙一樣，他拿東西也會留下特有的痕跡。如果他拿給你一片抹了奶油的麵包，上面準有一個黑黑的拇指印。也許是一大早去布魯克太太沙發後面的儲藏室裡取內臟時，他手上就已經黑乎乎的了。我聽其他的房客說過關於放內臟那裡的恐怖故事。據說那裡蟑螂成群。我不知道他們究竟多久訂一次新鮮的內臟，但確實相隔時間不短，因為布魯克先生以前靠這個來記時間。「讓我想想看，自那件事發生以來我已經進了三次貨（冷凍的內臟）」等等。他們從來不讓我們這些房客吃內臟。當時我以為

工業化與人性的碰撞 ✧

這是因為內臟太貴了，後來我想那只是因為我們對此知道得太多了。我還注意到，布魯克一家自己也從不吃內臟。

僅有的幾位長期住客就是那個蘇格蘭礦工、賴利先生、兩個領老人年金的老人家和一個領公共援助[001]的待業者，名字叫喬——但沒人知道他姓什麼。和蘇格蘭礦工熟了以後，你就會發現他是個煩人的傢伙。和大部分失業的人一樣，他多半時間都在看報紙，要是不管他，他能就「黃禍」[002]問題、皮箱謀殺案[003]、占星術、科學和宗教之爭等高談闊論幾小時。那兩個領老人年金的老人，應該是被收入調查趕出家門的。他們以每週十先令[004]換取食宿，十先令的食宿是什麼樣子你也想得到，那就是，閣樓上的一張床和主要由麵包、奶油組成的一日三餐。其中一位老人得了絕症——我想是癌症，命不久矣，只有領老人年金時他才會下床。另一個，人稱老傑克，以前是個礦工，現年七十八歲，在礦坑裡做了五十多年。他雖腦筋清楚，但十分奇怪的是，他似乎只記得自己少年時代的事，而把現代採礦機械及礦業的發展忘得一乾二淨。他以前常常跟我講在狹窄的地下坑道中大戰野馬的故事。聽說我打算去幾個煤礦走走時，他鄙夷地說，我這身高（190公分）的人絕對無法「走

---

[001] 指 Public Assistance Committee，公共援助委員會，下文簡稱「公援委」，類似於社會救助政策。
[002] 殖民主義時期，美國和歐洲殖民主義國家對亞洲民族的偏見用語。
[003] 1934 年英國布萊頓發生的兩起謀殺案，受害婦女被分屍後塞進了皮箱。
[004] 1 先令等於 12 便士。

◆ Part One　工業化的反思：我們可以改變的未來

礦」，就算跟他說現在「走礦」比以前容易了，也沒有用。但他對每個人都蠻友善，他的床位在頂樓某處，他以前常常在爬上樓睡覺前，都對我們大吼一聲：「晚安啦，小子們！」我最佩服老傑克的就是他從不占人便宜，一般快到週末時，他自己的菸都抽完了，但他還是拒絕別人請他的菸。布魯克家在一家一週六便士的公司，幫兩個領老人年金的老人家都投了壽險。據說，有人聽見他們緊張兮兮地問保險業務員：「人得了癌症還能活多久？」

　　喬和那個蘇格蘭人一樣，是個新聞迷，幾乎一整天都待在圖書館裡。他沒家室也沒工作，一個外形落拓、衣衫襤褸的傢伙，長著一張圓圓的娃娃臉，總是天真的淘氣表情。他不像個成年男人，更像一個被人忽視的小男孩。我想正是因為完全不用承擔任何責任，才使得那麼多男人看起來比實際年齡年輕吧。看喬的外表，我以為他二十八歲，後來才發現他其實四十三了。他愛說大話，且對自己沒結婚自鳴得意。他常常跟我說：「婚姻是個巨大的枷鎖。」這顯然是一句非常精妙而驚世駭俗的評論。他全部的收入為每週十五先令，但要付給布魯克家六、七先令床位費。我有時看見他在爐火上煮茶，但其餘時候，他都是在外面吃飯，我猜主要是麵包片加上人造奶油，還有袋裝的魚和薯條。

　　此外還有一群流動住戶，包括旅費不多的旅行業務員、客

串演員——北方很常見,因為許多大型酒館都會在週末時僱用各類演藝人員——還有報紙推銷員。我以前從沒見過報紙推銷員。在我看來,他們的工作很令人沮喪。他們主要受僱於週報或週日報紙,奉命在各個城鎮推銷。報社發給他們一張地圖和一張清單,列出他們每天要去「工作」的街道。如果拿不到每天二十份的基本訂量,就會被炒魷魚。只要他們維持住每天二十份的訂量,就能獲得一份微薄的薪資,我猜一星期兩英鎊[005]吧,此外每多訂一份,他們就能拿到一份小小的抽成。這事聽起來難如登天,其實還好,因為在工人階級的街區,每家都會訂一份一星期兩便士的週報,每隔幾週換一份,但我懷疑是否有人能長期做這樣的工作。報社僱用的都是些走投無路的窮苦人、失業的小職員、旅行業務員之類的,一段時間內他們會拚命努力,使銷量達到最低標準;然後,當這銷量無法持續,報社就解雇他們,再招新人。我認識兩個人,受僱於一家惡名昭彰的週報。兩人都是有家眷的中年男人,其中一個都當爺爺了。他們一天十小時來回奔波,在自己負責的街區上「工作」,三更半夜還忙著填表,服務於報社設計的某個騙局——比如那種如果你訂閱六個星期的報紙,並寄一張兩先令的郵政匯票,就可以「獲贈」一套碗盤的活動。那個已經當爺爺的人,常常頭枕著一堆表格就睡著了。布魯克家食宿全包,一星

---

[005] 1英鎊等於20先令。

✦ Part One 　工業化的反思：我們可以改變的未來

期收費一英鎊，兩個人都出不起。他們就只能付一點床位錢，然後在廚房角落裡，用自己行李箱裡的燻肉和麵包配著人工奶油將就著吃。

　　布魯克家兒女眾多，大部分早已遠赴他鄉工作。有些在加拿大，用布魯克太太的話說：「混加拿大呢。」只有一個兒子住在附近，是個體型大得像豬一樣的年輕人，在一家汽車修理廠上班，常常回來家裡吃飯，他老婆成天帶著兩個孩子待在這裡，主要是她和艾米做這些洗衣做飯的工作，艾米是布魯克太太另一個在倫敦的兒子的未婚妻。她是個淺色頭髮、鼻子尖尖、鬱鬱寡歡的小姐，在一家磨坊工作，薪水不夠生活，每個晚上都在布魯克家做牛做馬。我意識到，婚期不斷延後，很可能永遠也辦不了，但布魯克太太已經把艾米當作自己的媳婦，用病人特有的那種關切愛憐開始對她嘮叨。剩下的家事由布魯克先生做，或者沒人做。布魯克太太很少從她廚房裡的那張沙發上起身（她白天晚上都坐在沙發上），她病得厲害，什麼也做不了，偏偏食量驚人。一直是布魯克先生在照顧商店，幫房客做飯，「打掃」臥室。他的動作慢得令人難以置信，慢吞吞地從一個討厭的工作做到下一個。經常到晚上六點了床還沒鋪，而在一天中的任何時候，你都可能在樓梯上遇到布魯克先生端著一個夜壺，提壺的大拇指深深地伸進了壺沿。早上，他坐在爐火邊，旁邊一盆髒水，用電影慢動作的速度削著馬鈴薯。我從

工業化與人性的碰撞

沒見過誰用這樣一種哀怨的樣子削馬鈴薯。他稱其為「該死的娘們的工作」，你可以看到，這樣的怨恨在他體內發酵，釀成了一種苦澀的汁液。他是那種猶如反芻一般反覆咀嚼自己委屈的人。

當然，由於我老在家裡，便聽到了布魯克家所有的怨言，聽到人人都如何欺騙他們，對他們忘恩負義，商店如何賺不了錢，旅館也沒賺多少之類。按照當地水準，他們不算特別艱苦。因為我不知道布魯克先生用什麼方式躲過了收入調查，從公援委領有一份補貼，但對任何人大吐苦水就是他們的主要樂趣。布魯克太太以前常常好幾個小時地訴苦，躺在沙發上，化身一堆自傷自憐的柔軟脂肪，一遍又一遍說著同樣的事情。「我們近來似乎沒有生意了。我不知道是怎麼回事。內臟就在那裡一天天放著──那內臟賣相也挺好的啊！這年頭真是不容易啊，是不是？」等等，沒完沒了。布魯克太太所有的訴苦都以「這年頭真是不容易啊，是不是？」結尾，就像歌謠裡的副歌[006]一樣。商店確實沒賺錢。這整個地方都有那種明顯的生意衰敗時灰塵撲面、蚊蠅聚集的氣氛。但就算有人能為他們解釋為什麼沒人來店裡也是毫無用處的──他們也無法理解，去年死的綠頭蒼蠅趴在商店的窗戶上會妨礙生意。

---

[006] 副歌是歌謠中一句或一段重複的歌詞。通常出現在幾段正歌之間，即由第一節正歌唱到副歌後，連接第二節正歌再返回副歌，以此類推。

✦ Part One　工業化的反思：我們可以改變的未來

　　但真正折磨他們的事情是，那兩個領老人年金的老頭住在他們的房子裡，霸占了一層樓的空間，消耗著大量的食物，卻一星期只付十先令。我懷疑他們是否真的沒賺錢，儘管一星期十先令利潤確實很少。但在他們眼中，兩位老人像是一種可怕的寄生蟲賴上了他們，在靠他們的施捨過活。他們勉強還能忍受老傑克，因為他白天基本上都在外面，但他們實在討厭臥床不起、名叫胡克的那個老人。布魯克先生把他的名字叫得很奇怪，不發那個「H」，而把「U」拖長，發音就變成了「烏克」。我聽了好些他對老胡克的抱怨，說他脾氣暴躁，整理他的床多麼噁心，他「這不吃」、「那不吃」，他總是忘恩負義，最重要的，他多麼自私頑固，老死不了！布魯克家公然希望他死，這樣一來，他們至少能領到保險金。

　　他們似乎覺得他在那裡日復一日蠶食著他們的資產，好像他是他們腸子裡一條活生生的蛔蟲。有時布魯克先生會在削馬鈴薯時抬起頭來，與我對視一眼，然後帶著無法言說的苦澀表情，對著天花板、胡克的房間搖搖頭。「是個渾蛋，不是嗎？」他會說。無須多說了，我已經聽過了老胡克的所有劣跡。但布魯克家對他們的所有房客都有這樣那樣的不滿，毫無疑問也包括我自己。喬，是靠救濟金的，和領老人年金的老不死們差不多屬於同一類。蘇格蘭人雖然一星期能付一英鎊，但大部分時間都在家，而用他們的話說，他們「不喜歡他老在這

裡徘徊」。報紙推銷員整天都在外面,但布魯克家抱怨他們自備食物。甚至賴利先生 —— 他們的最佳房客 —— 也被嫌棄,因為布魯克太太說他早上下樓時會吵醒她。他們始終在抱怨,找不到自己想要的房客 —— 食宿願意花錢、整天都會外出的「商務紳士」。他們理想的房客是每週付三十先令,除了睡覺才進門的人。我發現幾乎經營旅館的人都會討厭他們的房客。他們想要他們的錢,但又把他們看成入侵者,有一種戒備又猜忌的態度,說到底是不想讓房客過得太舒服。房客必須住在別人家裡,而又非那家的成員,這尷尬的狀況必然會產生這樣的結果。

布魯克家的飯菜一成不變,令人噁心。早餐你吃的是兩片薄薄的燻肉和一顆蒼白的煎蛋,還有麵包加奶油,常常是昨天晚上切好的,而且總有個拇指印在上面。不管我如何想辦法,都沒能說服布魯克先生同意我自己切麵包和奶油。他總是一片一片地遞給我,每片都在那根寬大的黑拇指下捏得緊緊的。午餐通常是三便士的牛排布丁,是現成的罐頭食品 —— 我想這是商店的存貨 —— 水煮馬鈴薯、米飯布丁。下午茶還是麵包奶油和瑕疵品的甜蛋糕,八成是從蛋糕店買的「陳年存貨」。晚飯是軟趴趴的蘭開夏起司和餅乾。布魯克家從來不把這些餅乾叫餅乾。他們總尊稱其為「奶油脆餅」——「再來一塊奶油脆餅吧,賴利先生。奶油脆餅配起司,你會喜歡的」—— 以此掩

◆ Part One　工業化的反思：我們可以改變的未來

蓋晚餐只有起司的事實。幾瓶伍斯特辣醬油和一罐半滿的果醬是餐桌上的常駐嘉賓。大家通常都會把每一樣東西，甚至一片起司抹上伍斯特辣醬油，但我從沒見過誰敢碰果醬罐，它外面裹著一團說不清的黏糊糊的東西，沾滿了灰塵。布魯克太太單獨在一邊吃飯，如碰巧遇上大家吃飯，也必定會小吃幾口，並且用高超的技巧刮走她所說的「鍋底」，也就是最濃的那杯茶。她有個習慣，喜歡不停地用一條毯子擦嘴巴。到我快離開時，她學會了撕報紙條來擦嘴，於是，早晨的地板上常常丟著些皺巴巴黏糊糊的紙球，在地上一躺就是幾小時。廚房裡味道可怕，但是，和臥室裡的味道一樣，過一段時間你就沒感覺了。

　　我突然想到，在工業區，這樣的旅館應該相當正常，因為整體來說房客們並無怨言。據我所知，唯一一個抱怨過的是個黑頭髮尖鼻子的小個子倫敦人，一家香菸公司的旅行業務員。他以前從沒來過北方，我想，他應該一直有好的工作，習慣了住商業旅館。這是他第一次見識真正的下層旅館，那種讓那些窮困的販夫走卒在旅途中落腳的地方。早上穿衣服的時候（當然，他睡的是那張雙人床），我看見他環顧淒涼的房間，透著一種驚詫的厭惡。他捕捉到了我的視線，突然猜到我是個南方老鄉。「這些骯髒的該死的雜種！」他說道。然後他打包好自己的行李，下樓去，萬分堅決地告訴布魯克家的人，這不是他習慣住的那種房子，他要馬上離開。布魯克家的人永遠也不能明

工業化與人性的碰撞 ✧

白這到底是為什麼。他們驚訝而傷心。真是忘恩負義！住了一個晚上就無緣無故地離開了他們！後來他們反覆地議論此事，探索它的意義。這又為他們的「苦水庫」增添了新成分。

有一天，早餐桌下出現了一個滿滿的便壺時，我決定離開了。這地方讓我沮喪。不僅是因為這灰塵、這氣味、這惡劣的食物，更是因為這停滯而無意義的腐化的感覺，如同墮入了某個地獄，那裡的人們就像蟑螂一樣爬來爬去，陷入苟且偷生和怨天尤人的無邊泥淖之中。布魯克家的人最可怕的一點在於，他們一遍遍說著同樣的事情，讓你感到他們根本不是真正的人，而是一種幽靈，永遠排練著同一段無用的廢話。終於，布魯克太太自傷自憐的話語 —— 總是同樣的抱怨，一遍又一遍，總是以「這年頭真是不容易啊，是不是？」的顫抖的哀嘆結尾 —— 比她用報紙條擦嘴巴的習慣更令我噁心。但僅僅把布魯克家這樣的人視為噁心，努力將他們趕出腦海是沒用的。因為這樣的人有成千上萬，他們是現代世界一種代表性的副產品。只要你接受他們的文明，你就無法無視他們，因為這至少是工業化成果的一部分。哥倫布穿越大西洋，第一臺蒸汽機的隆隆發動聲，英國的軍隊在滑鐵盧頂住了法國的炮火，19世紀的獨眼惡棍讚美上帝讓他們賺飽飽。而這就是所有這一切的結果 —— 密密麻麻的貧民窟，幽暗漆黑的廚房，在這周圍像蟑螂一樣爬來爬去的、病弱衰老的人們。時不時來看一看、聞一

✧ Part One　工業化的反思：我們可以改變的未來

聞這樣的地方是一種責任，尤其是要聞，免得你忘記了他們的存在，儘管最好不要待得太久。

　　我搭火車離開，穿過煙囪、礦渣堆、鐵屑堆、骯髒的運河、煤泥滿地鞋印縱橫的小路。時值三月，但天氣冷得可怕，到處可見汙黑的雪堆。當我們緩緩穿過城鎮郊野時，我們路過了一排又一排小小的灰色貧民窟。在一間房子後面，一個年輕女人跪在石頭上，用棍子戳向屋內水池伸出來的汙水管，我猜管子堵住了。我可以看清她的每個細節——她的麻布圍裙、她笨重的木鞋、她凍得通紅的手臂。火車經過時，她抬頭一看，我近得幾乎可以捕捉到她的眼神。她有著一張蒼白的圓臉，是貧民窟裡常見的那種疲憊的臉龐，託流產和勞動的福，二十五歲的年紀看來就像四十歲；在我看到這張臉的那一瞬間，它帶著我所見過的最悽慘、最絕望的表情。我突然明白了，我們說「這對他們來說和對我們不一樣」，說生長於貧民窟的人除了貧民窟以外想像不出別的世界，是不對的。我在她臉上看到的，不是動物那種懵懂的受苦。她非常清楚自己發生了什麼事——她和我一樣明白，天寒地凍之中，跪在貧民窟後院黏滑的石頭上，用棍子戳向骯髒的排汙管是多麼殘酷的命運。

　　但是火車很快開走了，駛入了空曠的鄉野。這有些幾近反常，曠野好像公園似的，因為在工業區人們總是覺得煙塵和髒汙一定是連綿不絕、無邊無際的，地球上沒有任何地方能躲得

過。在我們這樣擁擠髒亂的小村莊，人們幾乎把骯髒視為理所當然。礦渣堆和煙囪似乎是比青草綠樹更為正常、是更經常出現的風景，就算在窮鄉僻壤，你把犁耙插進土地，也還以為會翻出一個破瓶子或一個鏽蝕的空罐頭。但在這裡，積得厚厚的雪上杳無人跡，石頭圍牆剛剛露出頭，如同黑色的小徑蜿蜒著繞過群山。我記得 D.H. 勞倫斯（David Herbert Lawrence）寫過這一片同樣的、或者附近的另外一片風景，說白雪皚皚的群山「像肌肉似的」起起伏伏沒入遠方。我可想不到這樣的比喻。在我眼中，白雪和黑牆更像一條鑲著黑色滾邊的白裙子。

儘管雪幾乎沒融化，太陽卻很大，車廂窗戶外似乎很溫暖。根據季節，現在已是春天，似乎有幾隻鳥相信這真是春天。在鐵路旁裸露的地面上，我人生第一次看見烏鴉交配。牠們是在地上交配的，而不是如我預期的是在樹上。求偶的樣子很奇怪。雌鴉站著，張開喙，雄鴉繞著牠走，似乎在餵牠食物。我在火車上還待不到半個小時，但是從布魯克家到空茫的雪山、明媚的陽光和閃閃發光的鳥之間，似乎是十分漫長的一段路。

整個工業區其實是一個巨大的城鎮，大約和大倫敦區的人口一樣多，但幸運的是，面積大得多，於是，即使在市中心也仍然容得下一方乾淨與體面。這是個鼓舞人心的想法。儘管十分努力，人類總算還沒能把自己的汙物弄得到處都是。地球

✧ Part One　工業化的反思：我們可以改變的未來

如此廣袤，而又如此空曠，即使在文明骯髒的中心，你也能找到長著青草而不是灰草的原野；也許，如果你刻意尋找的話，甚至能找到有活魚而不是鮭魚罐頭的溪流。很長一段時間，火車都在曠野間穿行，或許又過了二十分鐘，別墅文明才又開始向我們逼近，然後是外圍的貧民窟，然後是礦渣堆、冒煙的煙囪、鍋爐、運河、氣量計。另一個工業城鎮到了。

從黑暗中看到的光

我不敢苟同卻斯特頓[007]（Gilbert Keith Chesterton）所言。我們的文明是建立在煤之上的，比我們所意識到的要更徹底。必須留心思考你才會有充分的了解。維持我們生存的機器、製造機器的機器全都直接或間接地有賴於煤。在西方世界的「新陳代謝」中，煤礦工人的重要性僅次於耕地的農民。礦工如同一種像柱[008]，幾乎所有不骯髒的東西都是他們的肩膀扛起來的。由於這個原因，挖煤的實際過程很值得一看，如果你有這個機會，也有意願的話。

下了煤礦，一定要盡量在「裝車工」工作的時候到煤壁看看。這並不容易，因為礦工在工作的時候不歡迎外人來訪，

---

[007]　指英國作家 G.K.Chesterton。
[008]　西方建築中常用的支撐建築的人像柱子。

從黑暗中看到的光

但如果你在其他時候去,都有可能會帶著全然錯誤的印象離開。比如,在星期天,煤礦幾乎是休息狀態。要去就要在機器轟鳴、空氣烏黑、沾滿煤塵的時候去,在你能親眼看到礦工的工作情況時去。這時候,人們想像的各種地獄元素在此齊聚——燥熱、噪音、混沌、黑暗、汙濁的空氣,還有最重要的,難以忍受的狹窄空間。只有頭燈和手電筒的微弱燈光,難以穿透層層煤塵。

當你終於到達那裡——到達那裡本身就有了意義,我稍後解釋——你爬過最後一排礦坑坑柱,看見對面一道一公尺高左右、漆黑發亮的牆,這就是煤壁。頭頂是平整的巷頂,是挖煤剩下的岩石形成的;腳下又是岩石,所以你所在的通道正好和煤層本身一樣高,很可能是一公尺左右。一段時間後,你適應了一切,第一印象就是傳送帶運煤離開時那震耳欲聾的聲音。能見度不高,因為煤塵的煙霧擋住了你手中的燈光,但你可以看到你的兩旁:地上跪著一群半裸的男人,每隔四、五碼[009]一個,正揮舞著手中的鐵鍬挖動煤層,然後越過肩膀迅速一甩,把煤送上了傳送帶。傳送帶是一段幾英呎[010]寬的運動的橡膠帶,在他們身後一兩碼處運轉著。在傳送帶下方,是一條閃閃發光的煤河。在大煤礦,每分鐘能運走幾噸煤,運到主幹

---

[009] 1 碼等於 0.9144 公尺。
[010] 1 英尺約等於 0.3048 公尺。

Part One　工業化的反思：我們可以改變的未來

道上，投進半噸容量的大缸裡，然後拖入籠車，送到外面去。

看著「裝車工」們工作，不免要妒忌他們強健的身體。他們做的是一份可怕的工作，按照普通人的標準來說簡直是超乎常人的工作。因為他們不僅要搬動超大數量的煤，而且搬動時特殊的姿勢，會將工作量翻成兩倍甚至三倍。他們必須一直跪著——因為站起來就可能碰到巷頂——你可以試試，這樣挖煤要花多大的力氣。站著鏟東西相對容易，因為可以利用膝蓋和大腿來使力；跪著的時候，全部的力量就落在了手臂和肚子的肌肉上。而其他的環境條件更是雪上加霜。首先是熱——不同地方溫度不同，但有些礦坑裡熱得令人窒息——還有粉塵會塞住你的喉嚨和鼻孔，積在你的眼角和眉梢，傳送帶還不停地發出咔咔的響聲，在這樣封閉的空間裡活像機關槍的咔嗒聲。但裝車工們看起來、做起事來就像鐵人一樣。他們像鐵打的雕像——從頭到腳罩著光滑的煤塵。只有看到坑下赤裸的礦工，你才會明白他們是多麼了不起的漢子。他們大部分都是小個子（大個子做這份工作比較辛苦），但幾乎所有人都有著最健美的身體，寬闊的雙肩逐漸收攏成苗條柔韌的腰肢、小巧而分明的臀部和強健的大腿，全身上下沒有一丁點贅肉。在較熱的煤礦裡，他們只穿一條薄薄的內褲、木屐及護膝；在最熱的煤礦裡，則只穿木屐和護膝。透過他們的外表很難分辨他們是老是少，有的可能已有六十歲，甚至六十五歲高齡，但當他們

一身漆黑、赤身裸體時看起來全都一樣。沒有年輕人的身體，就做不了這份工作，哪怕是適合當警衛的體型，只是在腰上有幾磅贅肉，也吃不消這樣長時間地彎腰。那樣的場面只要見過一次，你就會永生難忘 —— 一群彎腰跪地的身影，全身烏黑，以驚人的力量和速度將巨大的鏟子插進煤下。他們一做就是七個半小時，基本上是沒有休息的，因為「走不開」。實際上他們會在換班時，抓緊十五分鐘左右的空檔吃點隨身帶來的食物，通常是一大塊麵包和奶油，還有一瓶冷茶。我第一次看到「裝車工」工作的時候，手在煤塵中碰到了某個黏滑噁心的東西。是一塊嚼過的菸草。幾乎所有的礦工都嚼菸草，據說菸草能止渴。

很可能你要多下幾次煤礦，才能明白周圍的工作流程。這主要是因為，單單從一個地方到另一個地方就已經很不容易，讓你難以注意任何其他的事情。或者至少和你預想的不一樣，你們進入籠車 —— 這是一個鋼做的箱子，和電話亭一樣寬，長度則是它的兩三倍，裡面能載十個人，像是擠成了沙丁魚罐頭，高個子的人無法站直 —— 鋼門關上後，有人操作升降機把你們放下坑道。通常，你會感到一陣短暫的不安，車廂裡會出現賁張的感覺，一直到你們接近地底，這時籠車突然慢下來。籠車的時速大概在一小時六十英哩[011]，在某些較深的礦坑

---

[011]　1 英哩等於 1.6093 公里。

✦ Part One　工業化的反思：我們可以改變的未來

甚至更快。當到達底部爬出籠車時，你或許已經在地下三四百公尺了。這就是說，你頭上有一座不小的山，好幾百公尺堅硬的岩石、絕跡動物的化石、底層土、打火石、植物的根鬚、青草和吃草的牛群——所有這些全都懸在你的頭頂，僅僅靠與你小腿一般粗的木樁撐著。但由於籠車帶你下降的速度很快，也由於你是在完全的黑暗中穿行，你幾乎不知道自己所處的位置究竟有多深。

另一方面，在地下穿行的水平距離之遠卻令人吃驚。在我下礦坑之前，我曾經想像過，礦工走出籠車，在幾碼遠外的一片煤壁上就工作了起來。我沒想過，可能光是開工之前，他就得沿著通道爬行從倫敦大橋到牛津廣場這麼長的距離。當然，一開始，礦井是打到煤層附近的，但隨著對煤層的開採和新的煤層出現，工作地點可能離礦井底越來越遠。如果從井底到煤壁有一英哩，以平均距離來看——三英哩不奇怪——據說有幾個煤礦長達五英哩。但這些距離和地上的距離無法相比。因為不管一英哩或三英哩，整段路上除了主道以外沒有一些能站直的地方，甚至主道上也是。

需要走幾百公尺之後，你才會注意到這是什麼狀況。你微微彎腰，動身向裡面走去，巷道燈光幽暗，寬度八到十英呎，高度約五英呎，牆壁由大塊的頁岩[012]築成，就像德比郡的石

---

[012]　頁岩是一種沉積岩，成分複雜，但都具有薄頁狀或薄片層狀的節理，主要是由

牆。每隔一兩碼,就有一根木樁架著橫梁和大梁。有些大梁彎成了奇怪的弧線,你必須蹲著身子從下面穿過。通常腳下的路不好走——積著厚厚的灰塵或參差不齊的頁岩碎塊,有些積水的礦裡更髒。還有運煤缸的軌道,就像枕木相隔一兩英呎的小型軌道,走在上面很累人。所有東西都因沾著頁岩塵埃而呈灰色,似乎所有煤礦都有一種沾滿灰塵的火藥味。你看到了完全不明所以的神祕機器、穿在鐵絲上掛在一起的大堆工具,有時還有老鼠從燈光下竄走。這都是習以為常的,尤其是在曾經有過馬[013]的礦坑裡。牠們是怎麼進到那裡的很有意思,可能是從礦井裡掉下來的——據說老鼠不管從多高的地方掉下來都能毫髮無傷,因為牠的表面積和體重比非常大。你緊貼牆壁,讓路給一排排運煤缸。地表上掛著一條鋼纜,在它的牽引下,運煤缸搖搖晃晃地慢慢滑向礦井。你爬過麻布簾子和厚厚的木門,門開著時,會湧入一陣強風。這些門是通風系統的重要設備。透過電扇,汙濁的空氣從一邊通風井排出,新鮮空氣從另一邊通風井進入。但如果只是任空氣自然流通,深處工地就無法換氣,所以要把所有通路隔開。

　　一開始,彎腰走路看似好玩,但很快就讓人笑不出來了。我個子較高,本就吃虧,但當屋頂低至四英呎以下時,除了侏

黏土沉積經壓力和溫度形成的岩石,但其中混雜有石英、長石的碎屑以及其他化學物質。

[013]　曾經用馬在煤礦裡運輸。

✧ Part One　工業化的反思：我們可以改變的未來

儒或小孩以外，對所有人都成了問題。你不僅要彎腰，還要一直抬頭看著橫梁、大梁，以便避開它們。和你膝蓋和大腿的痛苦比起來，脖子持續僵硬根本不算什麼。半英哩之後，這更成了一種難以忍受的痛苦，我並沒有誇大其詞。你開始懷疑你究竟能不能走到盡頭──還有，你到底要怎麼回去。你的步伐越走越慢。你來到一段幾百碼長、空間極窄的路段，不得不蹲身前進。然後，巷頂突然開闊起來，高得不可思議──很可能是從前岩石掉落的地方──整整二十碼，你又可以直直站立了。輕鬆感令人開心。但這之後又是一段一百碼長的低空路段，然後是一連串的橫梁，你需要從下面爬過去。你四腳著地，在蹲了半天後就連這樣也算是一種輕鬆。但當你走到橫梁盡頭，試圖重新爬起來時，你發現你的膝蓋已經動不了，拒絕直立起來。你尷尬地要大家停下，說你想休息一兩分鐘。你的嚮導（一位礦工）同情你。他知道你的肌肉和他的肌肉不同。「只剩四百碼了。」他鼓勵地說。你覺得他乾脆說還剩四百英哩好了。但最終你還是想辦法爬到了煤壁。你走了一英哩，花了快一個鐘頭，而礦工只要二十多分鐘就走完。到了那裡，你不得不癱在煤塵裡，恢復體力，幾分鐘後才能稍稍轉動腦筋觀察工作進度。

　　回來比去時狀況更糟，不僅是因為你已經筋疲力盡，更因為回礦井的路略呈上坡。你以烏龜的速度穿過低處，而且當你

的膝蓋罷工的時候，你毫不羞愧地喊停。就連你拿的那盞燈也讓你受不了，很可能跟蹌時失手丟了它，這樣一來，頭燈就會熄滅。蹲身避開橫梁越發困難，而且你有時會忘記蹲身避開。你嘗試像礦工們那樣低頭走路，然後就撞到了背。其實礦工也常常撞到背。這就是為什麼在很熱的礦坑裡，裸露上半身的礦工背上都留有所謂的「背上的扣子」──就是每段椎骨上都結著一塊永久的痂。木屐下面是中空的，下坡軌道時，礦工們有時會把木屐扣在推車軌道上滑下去。有些礦裡，「走礦」太辛苦，所有的礦工都會拄一根兩英呎半長的棍子，並把把手下方掏空。在正常地方，你手抓著棍子頂部，在低空地方，你就把手滑進下面的空洞裡。這些棍子幫助很大，而木製的安全帽──一項較晚的發明──更是上帝的恩典。這安全帽看起來像法國或義大利的鋼盔，但是用木髓做成，重量很輕而強度很高，就算你腦袋狠狠挨上一拳，也不會有任何感覺。等終於回到地面時，也許只在地下待了三小時，走了兩英哩，你卻比在地上走了二十五英哩還要累。之後一週，大腿都無比僵硬，連下樓都成了艱難的壯舉，你不得不用一種特殊的姿勢──側著身體，腿直直地走下去。你的礦工朋友們注意到你走路僵硬的樣子，可能因此取笑你。（「下礦怎麼樣啊，啊？」等等）然而即使是礦工，長時間沒有工作──比如生病了──再回到井下，頭幾天也會難受不已。

✦ Part One　工業化的反思：我們可以改變的未來

　　看起來我像是在誇大其詞，儘管下過老式礦井（英國的礦井大多是老式的）、真的走到煤壁那麼遠的人也不這麼認為。但我想強調的是：這樣爬來爬去真的很可怕，對任何人來說都是十分勞累的工作，然而這還算不上礦工真正的工作，這只是一個過程，就像每天坐地鐵一樣。礦工每天都要往返一次，這中間還有七個半小時的殘酷工作。我從來沒有走到過一英哩外的煤壁，而去煤壁經常要走三英哩遠，除了礦工以外，我和大部分人根本做不到。人們總是容易忽略這種問題。當你想到煤礦時，想到的是幽深、燥熱、黑暗、在煤壁前挖掘的漆黑人影，你經常想不到往返爬過的那幾英哩路。還有時間的問題。礦工一個班上七個半小時，聽起來並不太長，但你得加上每天至少一小時的「走礦」時間，經常是兩小時，甚至三小時。當然，「走礦」嚴格來說不算工作，工人們不會為此獲得報酬，但這和工作沒有兩樣。人們常說礦工們不在乎這個。也許是吧，這對他們來說和對你我不一樣。他們從小就在做這個，他們鍛鍊出了恰當的肌肉，他們可以相當靈巧地在地下來回穿梭。在我只能蹣跚而行的地方，礦工們可以低頭奔跑，大步走過。在工作現場，你看到他們四腳著地，繞過根根坑柱，靈巧極了。但若以為他們樂此不疲那就大錯特錯了。我跟幾十個礦工談論過，他們全都承認「走礦」是個苦差事。不管什麼時候，你聽到他們在討論礦井時，「走礦」總是熱門話題。人們總說，下班

比上班走得快,然而礦工們全都說,在一天的辛苦勞動之後,下班尤其討厭。這是他們工作的一部分,但這絕對是個苦工。也許,這可以比喻成你每天工作前後都要爬一座小山。

下過兩三個礦井後,你就開始對地下的工作流程有所了解了。(順便一提,我得說我對採礦的技術方面一無所知,我只是描述眼睛所見的情況。)煤礦蘊藏在巨大岩層間的薄薄礦層中,於是挖煤的過程,本質上就像從三色冰淇淋裡挖出中間層一樣。以往,礦工們都是用鋤頭和鐵棍直接砍切煤層——這樣效率很低,因為煤未開發前,簡直硬如岩石。現在,這種準備工作交給電動切煤機了,大致上來說,它就是一把無比堅硬的強力帶鋸機[014],水平而非垂直地執行,有著不同尺寸粗細的尖牙,它可以自己來回動作,操作員可以改變旋轉的方向。同時,它會發出可怕的噪音,粉塵飛濺,讓人連兩三英呎外的地方都無法看清,也幾乎無法呼吸。這臺機器沿著煤壁操作,切入煤基,往裡把五英呎或五英呎半的深處都挖鬆,之後再在已經挖過的地方挖煤就相對容易了。但是,在「難搞」的地方,還要用炸藥來鬆動煤層。一個人拿著電鑽在煤層上間隔打孔,塞進火藥,用黏土堵住,如果附近有轉角的話,就繞到轉角後躲著(應該退到二十五碼外),然後用電流觸發爆炸。這不是為

---

[014] 帶鋸,應用於木材加工和金屬工作,也應用於各種各樣的其他材料。名稱來源於其刀片包括金屬帶與牙。

Part One　工業化的反思：我們可以改變的未來

了把煤開採出來，只是使它鬆動。當然，有時爆炸力太強，那就不僅會把煤炸出來，而且也可能炸塌巷頂。

爆炸之後，「裝車工」就可以把煤挖出來，敲碎，鏟到傳送帶上。傳送帶把煤投入煤缸，煤缸被運到主幹道，最後拉入籠車。然後煤缸被吊起來，到地面後用篩子篩過一遍進行分揀，如有必要還會清洗。「渣滓」——也就是頁岩——會被盡量用來修築下面的地基。不能用的就被運到地面上倒掉。這就出現了龐大的「渣堆」，如同灰色大山，成了礦區的特色風景。當挖煤挖到機器切割的深度後，工作面前進了五英呎，於是架起新的坑柱，撐住新露出來的巷頂。傳送帶也要解體，往前移動五英呎再重新組裝。切割、爆破和挖掘這三道工序盡可能安排在三個不同的班次，下午切割，晚上爆破（法律禁止在有其他人在附近工作時進行爆破），早班「裝車」，從早上六點持續到下午一點。

當你目睹了挖煤的過程，才會了解到「裝車工」們到底在做一項怎樣艱鉅的任務。正常情況下，每個人要清理一片四、五碼寬的空間。切煤機破壞了煤層，深入五英呎，這樣的話，如果每層高三四英呎，每個人挖出、打碎、送上傳送帶的煤就有七到十二立方碼。這就是說，假設一立方碼煤重二十七英擔[015]，那麼每個人就要以接近一小時兩噸的速度挖煤。我平常

---

[015]　英擔（hundred weight）為英制重量單位，1 英擔＝ 112 磅＝ 50.8023 千克。

不會使用鋤頭鏟子，只能勉強體會這種勞動的強度。我在花園裡挖溝，如果下午挖了兩噸土，就覺得很累。但比起煤來，土壤算輕鬆的，而且我不必在一千英呎的地下，忍受令人窒息的炎熱跪著工作，每呼吸一口就吞入一把煤塵，我也不用在匍匐前進一英哩之後繼續工作。礦工的工作難度之大，對我來說，不亞於表演空中飛人，或是參加全國越野障礙賽。我做不了體力勞動者，求求上帝，也永遠別讓我做，但簡單的體力勞動我也能做。我可以勉強做個掃地工，或者效率不高的園丁，甚至農場工人。但無論多麼努力，進行怎樣的訓練，我也成不了礦工，這工作不出幾個星期就能要了我的命。

　　看著礦工工作，立刻意識到人們確實生活在不同的世界。這地下挖煤之處，是一種另外的世界，人們很可能一輩子也不會了解，大部分人也寧願不要了解。然而這絕對是這個世界不可或缺的礦物。幾乎我們所做的每件事，從吃個冰淇淋到橫跨大西洋，從烤麵包到寫小說，都直接或間接地需要煤。維護和平需要煤，戰爭就更需要煤。革命時期礦工必須繼續工作，因為革命也好、平叛也好都需要煤。不管地面上發生什麼，必須一刻不停地繼續切煤挖煤。希特勒要踢正步，詩人們互相吹捧，看板球的人群要在勞德板球場集合，煤就必須源源不斷。但事實上我們對此渾然不覺，我們都知道「必須有煤」，但我們甚至不清楚挖煤是怎麼回事。我現在在舒適的煤火前寫作。

Part One　工業化的反思：我們可以改變的未來

現在四月了，但我仍然離不開火。每隔兩個星期，煤車開到家門前，麻袋裡裝滿泛著焦油味的煤，穿著皮短褂的男人把它搬到屋裡來，再扔到樓梯下的儲煤室裡。只有當我特意去想像時，才會把這些煤和遙遠煤礦裡的勞工連繫起來。這只是「煤」──一樣我必須擁有的物品，不知從哪裡神奇地運來的黑乎乎的東西，彷彿神賜之物，只是你要付錢而已。你大可以開一輛車穿越英格蘭北部，卻無法想像你所在的馬路之下的幾百英呎，礦工們正在挖煤。但某種意義上，正是礦工們驅動著你的汽車。下面那個礦燈照耀的世界對比地面上這個青天白日的世界而言，猶如根系與花朵一樣的關係。

　　不久以前，礦坑中的條件比現在更差。有一些老婦人，年輕時曾在地下做過事，腰上套著枷鎖，腿間綁著鐐銬，拉著煤缸四腳著地爬行。她們以前懷孕的時候都持續做。即使現在，如果孕婦必須拉著煤爬來爬去，我們寧可讓她們去做，而不會讓我們沒有煤可用。但是當然，大多數時候，我們完全忘記她們做過這樣的事。各式各樣的體力勞動莫不如此，它維持著我們的生活，我們卻遺忘了它的存在。或許，礦工可以比其他任何人更能代表體力勞動者，不僅是因為他們的工作萬分的艱苦，而且也因為煤是生活必不可少，卻又如此遠離我們的生活經驗，如此無形無跡，可以說，我們像忘記血管裡的血液一樣忘記它。某種意義上，看到礦工工作甚至令人感到恥辱。它讓

礦工的真實生活 ✦

你對自己作為「知識分子」和一般而言的上等人產生了片刻的懷疑。因為你徹底明白了，至少在觀看的時候能明白，正是因為礦工們嘔心瀝血，上等人才能上等得起來。你、我、《泰晤士文增》[016] 的編輯以及 X 同志 [017] —— 我們所有人相對體面的生活都是拜地下那些全身漆黑、滿喉煤塵，用鋼鐵般的手臂和腹部肌肉揮動著鐵鍬的礦工們所賜。

▍礦工的真實生活 ▍

當礦工從礦井裡爬出地面時，他們蒼白的臉龐，即使在滿臉的煤塵下也清晰可辨。這都是因為他們所呼吸的汙濁空氣所致。對剛到礦區的南方人來說，幾百名礦工換班時從礦井中魚貫而出的場面怪異且略帶邪氣。那疲憊的臉龐上，所有凹陷都附著了煤塵，帶著一種激烈、狂野的表情。其他時候，當他們洗去臉上煤塵，就和大眾沒有多大區別。他們走起路來格外昂首挺胸，雙肩後張，這是在地下長期彎腰的一個習慣性反應，但大多數人都身材矮小，被不合身的厚衣服掩蓋了健美的軀體。他們最顯著的特徵是鼻子上藍色的傷疤。每個礦工的鼻子

---

[016] 指 Times Literature Supplementary（《泰晤士報文學增刊》），最初是《泰晤士報》的增刊，後來成為獨立刊物。
[017] 1940 年一部美國間諜題材的喜劇電影中《X 同志》的人物。

✧ Part One　工業化的反思：我們可以改變的未來

和額頭上都有一些藍色的傷疤，並會一直伴隨他們直到死亡。地下空氣中瀰漫著煤塵，煤塵會進入每一處傷口，然後傷口癒合後就形成了一個藍色的痕跡，就像紋身一樣，實際上也是紋身。由於這個原因，有些年紀大的男人額頭上縱橫交錯，就像羅克福羊乳乾酪[018]一樣。

礦工們一上到地面，馬上就會拿點水漱口，把最頑固的煤塵從喉嚨和鼻孔裡清出來，然後回家。據我所見，應該說大部分礦工都喜歡先吃飯後洗澡，我若是他們也會這樣。常常可以看見一個礦工坐著喝茶，一張臉像克里斯蒂樂團的歌手一樣，除了鮮紅的嘴唇以外全部漆黑，吃著東西就慢慢乾淨了。吃完飯後，他拿一大盆水，有條不紊地洗起來，先是雙手，然後是胸、脖子、腋窩、額頭，再是臉和頭皮（頭皮上灰塵黏得最厚），然後他的妻子拿來毛巾，擦洗他的背。他才洗了上半身，很可能肚臍上仍然堆積著煤塵，但即使如此，也要有些技巧，才能僅用一盆水洗到勉強乾淨的地步。就我自己，我發現下過煤礦後我需要好好洗兩次澡才行。光是清掉眼瞼裡的灰塵就要十分鐘的時間。

一些較大的、設施較好的煤礦，礦口處都有浴室。這是個很棒的設計，因為礦工不僅可以每天徹徹底底、舒舒服服甚至奢侈地洗個澡，而且浴室裡有兩個儲物櫃可以分開存放工作服

---

[018]　法國南部產的一種羊乳乾酪，其上有很多藍色斑點。

◆ 礦工的真實生活

和日常衣物,這樣不到二十分鐘,他就能從原本黑得跟個黑人一樣變成能盛裝參加足球比賽的樣子。但這樣的設備相對只是少數,因為一段煤礦礦層不會永遠存在,所以不值得打一次礦井就建一座浴室。我沒有具體的資料,但有礦口浴室的煤礦可能不到三分之一。很可能絕大部分礦工都是一週六天,腰部以下完全漆黑。他們幾乎不可能在自己家裡徹底地洗個澡。每一滴水都要加熱。而且在一間窄小的客廳裡,除了廚房和部分家具,還有妻子、幾個孩子,很可能還有一隻狗,實在沒有空間再多一間像樣的浴室了。就算用浴盆也不行,那水可能會濺到家具上。中產階級人士喜歡說,礦工們就算條件許可也不願好好洗澡,這不是真話。凡是備有浴室的礦口,基本所有人都會使用浴室,這個事實就足以說明。只有老人才有「洗了腿會導致腰痛」這樣的迷信。另外,在有礦口浴室的地方,礦工自己也是要付部分或全部費用的,這會從礦工福利基金中扣除。有時煤礦公司會捐款,有時基金負擔全部費用。但即使是當今社會,布萊頓旅館的老太太們還在說,如果你幫那些礦工弄個浴室,他們只會拿來放煤塊。

　　事實上,親眼見到礦工除了工作和睡覺以外的時間如此緊張,他們竟還洗澡洗得那麼勤,實在出人意料。你要是以為礦工一天的工作時間只有七個半小時,那就大錯特錯了。七個半小時是實際工作的時間,但是,還必須要加上「走礦」所花的

✦ Part One　工業化的反思：我們可以改變的未來

時間，基本不少於一小時。此外，大部分礦工還要花大量時間往返礦井。整個工業區住房都十分緊缺，只有在小型礦村，村子環聚礦井周圍，才能讓大家都住在工作地點附近。在我待過的大型採礦城鎮，幾乎所有人都要搭公車上班，正常情況下每週的車費是半克朗[019]。和我同住的一個礦工上早班，也就是從早上六點到下午一點半。他不到四點就要起床，下午三點過後才能回家。在另一戶人家裡，一個十五歲的男孩上晚班。他晚上九點去上班，早上八點才回來，吃早餐後上床睡覺，一直到晚上六點，所以他每天的空閒時間大約四小時，如果再扣掉洗衣、吃飯、穿衣等時間，實際上更少。

　　當礦工從一個班次換到另一個班次時，他們一家人都得進行麻煩的調整。如果他上晚班，就在早餐時間到家，上早班就在下午兩三點到家，而下午班就會在半夜到家，在每種情況中，他都想一回家就能馬上吃到主要的一餐。我注意到，W.R. 英格[020]牧師在他的著作中，指責礦工犯了暴食之罪[021]。以我個人的觀察而言，他們的食量並不大。與我同住的礦工中，大部分都比我吃得還少。他們很多人都說，如果工作前吃得太多，當天的工作就無法做了，而他們隨身攜帶的食物也只是一點零食，通常是麵包配奶油和冷茶。他們把食物裝在一個

---

[019]　一克朗等於五先令。
[020]　指威廉・拉爾夫・英格（William Ralph Inge），英國作家。
[021]　天主教七宗罪之一，另有貪婪、懶惰、憤怒、驕傲、荒淫、嫉妒。

礦工的真實生活

名為「扣罐」的扁平錫盒中，掛在腰帶上。礦工晚上回家時，會有妻子等著他，但他上早班時，似乎就得自己解決早餐。顯然，認為上早班前見到女人會招厄運的古老迷信並沒有完全消失。據說，以前礦工大清早碰巧見到女人，常常就會轉身回家，那天不工作。

在我來到煤礦地區之前，我也有許多錯誤的觀念，以為礦工相對而言報酬豐厚。人們聽到消息說，礦工上一個班能拿十或十一先令，於是簡單一乘，就得出結論，每個礦工一週大約能賺三英鎊，或者一年一百五十英鎊[022]。但礦工上一個班拿十或十一先令的說法是誤傳。首先，只有真正的「挖煤工」才有這種收入；「計日工」，例如處理巷頂的按日計薪的工人，收入通常是一個班八、九先令。其次，在很多煤礦，「挖煤工」的薪資是以重量計算的，按挖出來一噸多少錢計算，這時，礦工薪資就取決於煤的品質。如果機器出了故障或者出了「差錯」──亦即煤層裡混入了部分岩石──就可能讓他一天或者一連幾天的辛苦付諸流水。而且不管怎樣，礦工不可能一週六天、一年五十二週持續地工作。有些日子他會「失業」。1934年，無論男女老幼，大不列顛所有礦工一個班的平均收入是九先令1便士（來自1935年《煤礦年鑑及煤礦業名錄》）。

如果所有人都持續工作，那就等於礦工每年的收入略多於

---

[022]　一英鎊等於 20 先令。

Part One　工業化的反思：我們可以改變的未來

一百四十二英鎊，或者接近於每週兩英鎊十五先令。但是，他們的真實收入，遠遠低於這個數字，因為九先令 1 便士只是實際工作班次的平均計算結果，休假天數並未計入。

我手邊有約克郡一位礦工自 1936 年初非連續的五個星期的五張薪水單。平均下來，整體每週薪資為兩英 1 鎊十五先令兩便士，平均每班接近九先令 2 便士。但這是冬季的薪水單，這時候幾乎所有的煤礦都在全力運轉。當春天來臨，煤礦業隨之衰落，越來越多的人「暫時停工」，即使仍在職的工人每週也會停工一兩天。顯而易見，一百五十英鎊，甚至一百四十二英鎊都是過於高估煤礦工人的年收入。實際上，1934 年，整個大不列顛所有礦工的平均總收入只有一百一十五英鎊十一先令六便士。這個數字在不同地區差別也很大，在蘇格蘭約一百三十三英鎊兩先令八便士，而在達拉謨則略低於一百零五英鎊，或者說一週只有兩英鎊左右。這些資料來自約克郡巴恩斯利市市長，約瑟夫・瓊斯（Joseph Jones）先生，瓊斯先生補充道：

這些資料涵蓋了少年人和成年人，高收入和低收入等不同狀況……所有特別高收入都包含在這些資料中，某些官員和其他高收入者，以及加班獲得的較高報酬也都包括進來。

這些資料，作為平均，無法……展現成千上萬成年工人的真實處境，他們的收入大大低於平均水準，每週僅獲得三十到四十先令，甚至更少。

礦工的真實生活

請注意，即使這樣微薄的收入也是整體收入。在這裡，對礦工每週的薪資還要進行各類扣減。下面是我獲得的每週扣減情況的列表，這是蘭開夏郡一個礦區的典型情況：

	先令	便士
保險（失業險和健康險）	1	5
燈具租賃		6
工具打磨		6
過磅員收驗費		9
醫務室		2
醫院		1
慈善基金		6
工會費		6
	—	—
總計	4	5
	—	—

這其中的某些扣減，例如慈善基金和工會費，可以說是礦工本身的責任，其他則是煤礦公司強加其上的，在不同地區金額也不同。例如，礦工支付燈具租賃費（一週六先令，一年下來夠他買幾盞燈了）就是邪惡的騙局，有些地方並不收取。但扣除的總額似乎總是差不多。在約克郡礦工的那五張薪資單上，平均每週的總收入為兩英鎊十五先令兩便士；扣除各項代

Part One　工業化的反思：我們可以改變的未來

扣費用後，平均的淨收入只有兩英鎊十一先令四便士 —— 每週扣減了三先令十便士。但是，薪資單上只會列出由煤礦公司扣除或透過煤礦公司代繳的那部分扣減費用；另外再加上工會費，總數就超過四先令。可以說，各式扣減從每位成人礦工的周薪中扣除了四先令左右。因此，1934 年，整個大不列顛礦工的平均收入，一百一十五英鎊十一先令六便士，實際所領接近一百零五英鎊。對此，多數礦工能夠以優惠價購買自用煤，通常為一噸八、九先令。但根據前面引用瓊斯先生所說，全國整體而言，以貨代款發放的全部補助，平均價值每天僅有四便士。在很多情況下，每天的四便士也被礦工往返礦井的交通費抵消了。因此，就煤礦業整體而言，礦工每週可以真正拿回家算作自己收入的金額不超過、也許還略少於兩英鎊。

同時，礦工平均生產多少煤呢？

儘管成長緩慢，但煤礦業平均每名僱員的年產煤量一直在穩步攀升。1914 年，每位礦工平均生產兩百五十三噸煤，1934 年為兩百八十噸（摘自《煤簍》。《煤礦年鑑及煤礦業名錄》給出的數字略高一些）。這當然是各類工種全部礦工的平均，那些真正在現場工作的工人挖出的煤量要遠遠高於這個數字 —— 很可能每人超過一千噸。但就算是兩百八十噸也很值得注意，這是一項多麼巨大的成就。將礦工的生活和其他人的生活做一比較，就可以了解這一點。如果我活到六十歲，大概能寫出

礦工的真實生活

三十本小說，足以塞滿兩層中等大小的圖書館書架。同樣的時間裡，一名礦工產出了八千四百噸煤，足以將特拉法加廣場[023]鋪上兩英呎深，或是供應七戶大家庭一百多年的燃料所需。

在我上文提到的五張薪資單，有三張以上蓋了「死亡扣減」字樣的橡皮章。礦工若出現職災死亡，通常其他礦工要致贈奠儀給死者遺孀，一般為每人一先令，這個錢由煤礦公司自動從他們的薪資中扣除。這裡有個重要細節是這個橡皮章。與其他行業相比，礦工的事故率非常之高，傷亡已經成了理所當然，簡直可比一場小型戰爭。礦工每年的死亡率達九百分之一，工傷率達六分之一，當然，大多數傷都是皮肉傷，但日積月累會導致殘廢。這意味著，如果礦工的工作年限為四十年，他逃過工傷的機率為八分之一，直接致死的機率差不多是二十一分之一。這是危險性極高的行業，其次危險的則是造船業，水手每年的死亡率略大於一千三百分之一。當然，這裡的資料是針對整體煤礦工人，對於那些真正在礦坑裡工作的工人，受傷的機率更是大大增加。和我交談過的每一位資深礦工，都是曾親身經歷過十分嚴重的事故或目睹過同伴的死亡。在每一個煤礦之家，他們都會告訴你父親、兄弟、叔伯因工死亡的故事。（「他的屍身散落了七百英呎，要不是他穿著一件嶄新的油布西裝，他們甚至無法收齊屍體碎片」等等。）有些

[023]　倫敦西敏寺著名廣場，位於曾經的查林十字街地區。

✧ Part One　工業化的反思：我們可以改變的未來

故事令人毛骨悚然。例如，一個礦工向我講述他的一個同伴，一個「計日工」被掉落的岩石活埋了。他們把他的頭和肩挖出來，讓他得以呼吸，他還活著，能跟他們說話。然後他們發現巷頂又持續往下掉，於是跑開逃命，「計日工」被第二次活埋。他們又一次衝向他，挖開了他的頭和肩旁的空間，他還活著，能跟他們說話。接著巷頂第三次崩落，這一次他們一連幾小時都無法把他挖出來，後來，他死了。但跟我說這個故事的礦工並不覺得這有多麼恐怖（他自己也被活埋過一次，但他很幸運，把自己的頭夾在兩腿之間，於是有了一小片可以呼吸的空間）。對他來說，整個故事的重點在於，那個「計日工」非常清楚，他工作的地方並不安全，每天上班都有發生事故的心理準備。「這對他影響很大，都到了必須親吻妻子之後才去上班的地步。他的妻子後來告訴我，他已經二十年沒吻過她了。」

最容易發生事故的原因是瓦斯爆炸。礦井中總是存在多多少少的瓦斯。有一種專用燈可以檢測空氣中的瓦斯含量，如果含量極高，專用燈會出現藍色火焰。如果把燈芯拉到最長，火焰仍然呈藍色，表示瓦斯含量高得危險，然而，這並不容易檢測得知，因為瓦斯並非平均分布在整個空氣中，而是聚集在細縫裂隙中。在開工之前，礦工常常把燈向各個角落探照一遍以檢測瓦斯。爆破行動中的一個火星，或鋤頭敲擊岩石的一個火花都可能觸發瓦斯爆炸。有時候的「自然火星」──在煤層

礦工的真實生活

裡「悶燒」的自燃火，都極難撲滅，不時發生、導致數百人遇難的嚴重礦難，通常都是由爆炸引起，因此人們往往以為爆炸就是採礦的主要危險。實際上，絕大部分事故都是由礦井中習以為常的危險引起，尤其是巷頂墜落。例如「渦坑」——巖壁上出現圓洞，大得足以殺人的石塊以子彈般的速度激射而出。只有一個例外：與我交談過的礦工宣稱，新型機械以及一般的「加速工具」都增加了工作的危險性。首先，現在的挖煤速度過快，一連幾小時的時間裡一段巨大巷頂缺少支撐。還有震動，容易把所有東西都震鬆。還有噪音，使人更難察覺危險的訊號。要知道，礦工在地下的安全有賴於他的謹慎和技巧。富有經驗的礦工都聲稱能夠憑藉直覺知道巷頂是否安全，亦即，他「能感覺到自己身上有壓力」。例如，他能聽見輕微的坑柱斷裂聲。木柱較鐵梁廣受歡迎的原因在於，木柱將塌時會發出喀喀聲令人警覺，鐵梁則會毫無預兆地飛出去。機器鋪天蓋地的噪音讓人什麼都聽不見，因此增加了危險。

　　礦工受傷後當然不可能馬上得到救助。他在千鈞巨石之下、地底狹縫之中痛苦地躺著，就算解救出來，也許還必須在根本站不直的巷道裡，將身體拖動一英哩甚至更遠。和曾經受過傷的人談談，你就會發現，通常要經過好幾個小時，人們才能把受傷者送到地面上。當然，籠車有時也會出狀況。籠車能以高速列車的速度迅疾升降幾碼的距離，並且是由地面上的

✦ Part One　工業化的反思：我們可以改變的未來

人操作，操作者根本看不見是什麼情況，只是利用非常精妙的指示器來判斷籠車走了多遠，但也可能會出錯，曾有過籠車以最大速度撞向礦井井底的情況。在我看來，這是一種痛苦的死法。因為當那個小小的鋼鐵籠子颼颼穿過黑暗時，一定有一刻，鎖在裡面的十個人發現出了問題，簡直讓人不忍想像在他們被撞得粉身碎骨之前的那幾秒。一個礦工告訴我，有一次他就在一個出了問題的籠車裡。它該減速的時候沒減速，他們以為是鋼纜斷了。沒想到，他們安全下到了井底。但當他走出來時，發現自己一顆牙斷了，原來他一直緊咬牙關，等待著那可怕的撞擊。

　　若不發生事故，礦工們還是挺健康的，他們也無法不健康，想想他們得付出多少體力勞動。他們容易罹患風溼病，在那灰塵漫天的空間裡撐不了多久就要得肺病，但最具特徵性的職業病是眼球震顫。這是一種眼科疾病，當眼睛靠近燈光時，眼球會奇怪地震顫，想必這是由於在半黑暗環境中工作所致，有時會導致完全失明。煤礦公司會對因此或因其他原因致殘的礦工給予賠償，有時是一次性給付，有時是每週給付。這筆金額每週不超過二十九先令。如果低於十五先令，傷殘人士可以另外獲得一些失業救濟金和公共援助。如果我是殘疾礦工，我會傾向於一次給付，因為我可以確定拿到錢。殘廢給付金沒有任何中央基金的保障，所以一旦煤礦公司破產，殘障礦工的殘

礦工的真實生活

廢給付一毛錢也拿不到。

我在維根和一位患有眼球震顫的礦工住過一段時間。他能看到房間那頭，但再遠就不太行了。過去九個月，他一直領著每週二十九先令的殘廢給付，但現在煤礦公司考慮把他劃入每週十四先令的「部分殘廢給付金」範圍。這完全取決於醫生是否判定他適合做「地面上」的其他工作。不用說，即使醫生判定他通過，也沒有適合工作可做，但因此他就可以領取失業救濟金，公司也可以省下每週十五先令。看著這個男人去煤礦公司領取賠償金，我猛然意識到地位仍然能造成天壤之別。這個男人做的是所有工作中最有價值的，卻因此成了半個盲人。如果人真的有權利可言的話，那他有著無可爭議的權利去領取他的救濟金。但他卻無法要求這份救濟金──比如說，他無法在自己可以的時間以自己的方式來領取。他必須在煤礦公司規定的時間，每週去一次公司，他可能要在寒風中等上幾個小時。就我所知，他還必須對給他錢的人脫帽致禮，表示感激。無論如何，他都得浪費一個下午，花六便士的公車費。而對於一個有錢人──即使是像我這種不怎麼有錢的人──情況都是不同的。儘管我掙扎在溫飽邊緣，但我還是附帶了一些基本的權利。我賺得不比礦工多，但我的薪資至少是以一種紳士的方式匯進我的銀行帳戶裡，任我隨心所欲地使用。而即使我的帳戶沒錢了，銀行的人也還是客客氣氣的。

✧ Part One　工業化的反思：我們可以改變的未來

這瑣碎的不便與侮辱，默默等待，事事要配合他人的方便，在工人階級的生活中是伴隨而來的。無數種力量不斷打壓著工人，把他逼成一個被動角色。他做不了自己的主宰，經常受人宰割。他覺得自己是奴隸，堅信不被允許他做其他別的。我以前摘啤酒花[024]的時候，問過汗流浹背的摘花工人（他們每小時賺不到六便士），他們為什麼不組織一個工會？他們馬上回答說：「他們」絕不會允許。「他們」是誰？我問。似乎沒人知道，但顯然「他們」是無處不在的。

有錢人一生中都認定，在合理的範圍內能獲得自己想要的東西。因此，面對壓力時，往往「有水準的人」會挺身而出。他們並不比其他人更有天賦，而且這種「文化」本身通常百無一用，但他們習慣了一定程度的尊重，因此有臉發號施令。似乎不管何時何地，想當然就該他們挺身而出。在利沙加勒（Prosper-Olivier Lissagaray）的《公社史》（*History of the Paris Commune of 1871*）[025]中，有一篇有趣的文章，描述了公社遭到鎮壓後發生的事。當局要槍決罪魁禍首，由於他們不知道罪魁禍首究竟是誰，他們就按照上等階級者為禍首的原則來挑。一位軍官走過一列囚犯，挑出那些看起來可能的。一個人因為戴手錶被槍決了，另一個因為「長了一張聰明的臉」被槍決。

---

[024]　學名為蛇麻花，可用於釀造啤酒和藥用。
[025]　指 Proper-Olivier Lissagaray 所著《1871 巴黎公社史》。

我並不想因為長了聰明的臉就被槍決，但我確實同意，幾乎所有的暴動中，帶頭者往往是說話帶 H 音[026]的人。

臨時住所的困境

　　穿行於工業城鎮之間，你會迷失在小磚房的迷宮中。泥濘的小巷和煤渣小院毫無章法地拼在一起，院裡是惡臭的垃圾桶、一排排骯髒的水槽和殘破的廁所。磚房被煤煙燻得烏黑，在這一片雜亂之中潰爛。這些房屋的內部結構總是大同小異，只是房間數量從二到五不等。它們全都有一間幾乎一模一樣的客廳，十或十五平方英呎，具有開放式廚房，大一點的還有一個廚具間，小些的水槽和鍋碗都在客廳裡。屋後有個院子，或是幾戶人家共享一個院子的一部分，能夠容納垃圾桶和廁所。沒有一家裝熱水。我想，你在礦工聚居的街道上真的走上幾百英哩，也找不到一所能洗澡的房子，儘管每位礦工工作後下班回家從頭到腳全是黑的。從廚房爐灶引水裝一個熱水系統應該相當容易，但建造者沒有裝，而每套房子可省下大約十英鎊，而且在建這些房子的年代，沒人會認為礦工想要洗澡。

　　需要注意的是，大部分房子都很舊，至少有五、六十年的

---

[026]　指沒水準的下層人民說話時常常省略單詞開頭的 H 音，如 hot 說成 ot，horse 說成 orse，而帶 H 音的多是上層有水準的人。

◆ Part One 工業化的反思：我們可以改變的未來

歷史了，其中很多按照標準已經完全不適於人類居住。它們還能租得出去，僅僅是因為沒有其他房子可租。這就是工業區住房的關鍵問題：不在於這些房子窄小醜陋，不衛生也不舒適，也不在於它們地處髒亂的貧民區，散布在滿天廢氣的鑄造廠和惡臭難當的運河旁，緊鄰冒著硫黃煙氣的爐渣堆——儘管這些都是如假包換的事實——而僅僅在於沒有足夠的房子可住。

「房屋不足」這個詞在戰後廣為流傳，但對於任何每週收入超過五或十英鎊的人，它並沒有多少意義。租金高的地方，難的不是找房子，而是找房客。沿著梅費爾[027]隨便哪條街走一走，半數窗戶上都能看見「出租」的牌子。但是在工業區，僅是覓得一處住房就很不容易，這正是加劇貧困的主要問題之一。這意味著人們能夠忍受任何事——任何角落裡的貧民窟，任何蟲蟻的侵擾、腐爛的地板、龜裂的牆壁，任何獅子大開口的吝嗇房東和趁火打劫的仲介——僅僅為了頭頂能有個屋簷遮風擋雨。我看過一些恐怖的房子，那是你付錢給我，我一星期也住不下去的房子，卻發現有人已經住了二、三十年，只希望能一直住下去。一般來說，這種環境條件被視為理所當然，儘管也有例外。有些人幾乎不曾想過世上還存在著體面的房子，他們把蟲蟻和破漏的屋頂視為當然；另一些人怨毒地痛罵房東，但所有人都拚命想保住他們的房子，害怕更糟的厄

---

[027] 梅費爾區（Mayfair）是倫敦的上流社區。

臨時住所的困境

運降臨。只要房屋不足的狀況持續存在，當地政府就無法有多大作為來改善現有房屋的居住條件。他們可以判一所房子為「危樓」，但在租戶沒有別的房子可去之前，他們不能下令拆除它。於是危樓仍然存在，且因被判為危樓而更糟：既然房子遲早會被拆除，房東更不願多花錢修繕。例如，在維根這樣的城鎮，有兩千多間房子已經被判「危樓」好幾年了，卻還存在著，只要稍微有點希望重新建造新屋，整片整片的區域都會被判為危樓。里茲和雪菲爾那樣的鎮上，有成千上萬「背靠背」的房子，全都應該被判危樓，但還會存在數十年。

我看過不同礦區城鄉中的大量房屋，記錄了它們的關鍵要點。我想，從我的筆記中隨機摘取幾處，就能充分說明這些房屋是什麼條件。這些都是簡短的筆記，我稍後會提出必要的解釋。下面是幾條從維根的筆記上摘錄的：

1. 沃蓋特區的房子。一上一下。客廳為十二英呎乘以十英呎大小，樓上房間一樣。樓梯下的凹室五英呎平方，作為食物間、廚具間、儲煤間。窗戶能打開。距離廁所五十碼。租金四先令九便士，稅兩先令六便士，共計七先令五便士。

2. 附近的另一戶。大小同上，但樓梯下沒有凹室，只有兩英呎深的一個缺口，放了水槽 —— 沒有食物間等。租金三先令兩便士，稅兩先令，共計五先令兩便士。

3. 斯柯爾斯區的房子。危樓。一上一下。房間十五英呎平

✦ **Part One　工業化的反思：我們可以改變的未來**

方。水槽和鍋碗在客廳裡，樓梯下有儲煤間。地板下陷。窗戶無法打開。房子還算乾燥。房東挺好。租金三先令八便士。稅兩先令六便士，共計六先令四便士。

4. 附近的另一戶。樓上樓下各兩間，有儲煤間。牆壁嚴重龜裂。樓上大量滲水。地板傾斜。樓下窗戶打不開。房東不好。租金六先令，稅三先令六便士，共計九先令六便士。

5. 格里諾的房子。一上兩下。客廳十三英呎乘以八英呎。牆壁龜裂滲水。後窗打不開，前窗能開。十口之家，八個年齡相近的孩子。因過於擁擠，市府試圖將他們驅逐出去，但找不到房子給他們住。房東不好。租金四先令，地方稅兩先令三便士，共計六先令三便士。

維根的情況大致如此。下面是雪菲爾成千上萬間「背靠背」房屋中的一個典型：

湯瑪斯街上的房子。背靠背，兩上一下（即一棟三層小樓，每層一間房）。下面有地窖。客廳十四英呎乘以十英呎，上面的房間一樣。水槽在客廳。頂樓沒有門，直通樓梯。客廳的牆壁潮溼，頂層牆壁龜裂滲水。房內沒有光線，全天需要開燈。每天電費約六先令（很可能高估了）。六口之家，父母二人和四個孩子。丈夫（有公共援助）患有肺結核。一個孩子住院，其他人看似健康。在這個房子裡住了七年。想搬，但找不到別的房子。房租六先令六便士，含稅。

臨時住所的困境

下面是巴恩斯利的一兩則：

1. 沃特利街上的房子。兩上一下。客廳十二英呎乘以十英呎。水槽鍋碗都在客廳，樓梯下有儲煤間。水槽幾乎被磨平了，不停漫水。牆壁不太堅固。投幣式煤氣燈。屋裡很暗，煤氣燈一天約花費四便士。樓上的房間實際是一大間隔成的兩小間。牆壁非常糟糕——裡面的牆壁貫穿龜裂。窗框破碎，需要用木頭填充。還有幾處漏雨。下水道從房屋下面經過，夏天發臭，但市政府他們也無能為力。六口之家，兩個成人、四個孩子，最大的十五歲。第三個孩子要去醫院——懷疑患肺結核。屋內有蟲蟻為患。房租五先令三便士，含稅。

2. 皮爾街上的房子。背靠背，兩上兩下，有大地窖。客廳高挑，呈方形，附有鍋碗和水槽。樓下的另一個房間大小一樣，可能本來設計做客廳之用，但目前作為臥室。樓上的房間和樓下的一樣大。客廳很暗。煤氣燈預估一天花費 4 先令。距離廁所七十碼。屋裡八個人睡四張床——兩位老父母，兩個成年女孩（最大的二十七歲），一個青年，三個孩子。父母睡一張床，大兒子另睡一張，其餘五個人共用另外兩張。蟲蟻猖獗——「天熱的時候根本受不了。」樓下的房間髒得無法形容，樓上房間的氣味也幾乎無法忍受。房租五先令 7 含稅。

3. 馬泊葦（巴恩斯利附近的小礦村）的房子。兩上一下。客廳十四英呎乘以十三英呎。客廳惡臭。牆上石膏龜裂脫落。爐灶上沒有櫥架。煤氣輕微洩漏。樓上房間每間十英呎乘以八

◆ Part One　工業化的反思：我們可以改變的未來

英呎。四張床（六個人睡，全都是成年人），但有一張床可能是因為沒有鋪蓋而沒在使用。靠近樓梯的房間沒有門，樓梯沒有欄杆，所以你早上一下床，腳就懸在空中了，可能從十英呎之高一下摔到石板上。嚴重腐壞，可以透過地板看到下面的房間。有蟲蟻，但是「我用洗羊的消毒水消毒」。一條土路經過三戶農舍，像個淤泥堆，據說冬天幾乎無法通行。花園兩頭有石頭疊的廁所，已經殘破。租戶已經在這房子裡住了二十二年。拖欠了十一英鎊的房租，每週多付一先令還款。房東已經不肯寬限了，準備起訴要求停租。房租五先令，含稅。

還有太多不勝列舉的例子──只要到工業區裡家家戶戶走訪一番，可以舉出成千上萬的例子。另外，一些名詞需要解釋一下。「一上一下」是指每層有一個房間，即一棟兩個房間的房子。「背靠背」的房子是指兩棟連在一起的房子，房子兩面各是一戶人家的大門，因此你如果走過一排看似十二棟房子的地方，實際上應該是二十四戶。前面的房子面對街，後面的靠院，每棟房子只有一個出口。廁所在後面的院子裡，所以如果住在面對街的住戶，你上廁所或是丟垃圾就要走出大門，走到街區轉到後面──可能有長達兩百碼的距離；另一方面，如果住在後面，你往外眺望就只能看見一排廁所。還有一種房子叫做「後堵死」類型，是獨棟房，但建造者沒有裝後門。窗戶打不開是古老礦鎮的一大特色。其中有些城鎮被古代工事破壞

臨時住所的困境

了地基，於是地面不斷下陷，上面的房子就向一邊傾斜。在維根，你能看到整排的房子都歪得誇張，窗戶偏離水平線達十到二十度角。有時候正面牆壁向前鼓出，房子看起來像懷了七個月的身孕似的。牆面可以重修，但是新修的牆面很快又開始鼓起。如果房子陡然下陷，窗戶就永遠卡住了，門也需要改裝。這在當地不足為奇。有個故事說，一個礦工下班回家，發現只能用斧頭劈了前門才能進得去，令人好笑。有些事例中我記了「房東好」或者「房東不好」，是因為貧民窟的居民對房東褒貶不一。我發現──或許有人已經料到了──小房東一般是最糟糕的。這話說來有些反常，但其中自有道理。你可能以為，貧民窟中最惡劣的房東是個胖乎乎的惡棍，大概是個主教，靠昂貴的房租獲得暴利。實際上，這是一個貧窮的老婦，將自己畢生的積蓄都放在三間貧民窟的房子上，自己住一間，打算靠另外兩間的房租過活──因此，從來沒錢維修。

但僅僅是這樣的筆記，也只對我自己有價值。每當我讀到這些筆記，就會回想起我所見到的場景，但僅憑筆記本身並不足以表現那些可怕的北方貧民窟。語言根本不足以形容。像「屋頂漏雨」和「八個人睡四張床」這樣簡短的詞句又表達了什麼？這不過是你眼睛一瞄而過，卻什麼也沒記住的東西。但這其中包含了多麼深重的苦難！以擁擠的狀況為例，八個乃至十個人住在三間房的小房子裡的情況司空見慣。其中一間是客

✦ Part One　工業化的反思：我們可以改變的未來

廳，可能十二英呎平方，除了爐灶和水槽，還放了一張桌子、幾把椅子、一個碗櫃，連張床也放不下。等於這八到十個人就睡在兩間小房間裡，很可能最多只有四張床。如果其中有成年人，要去上班，就更糟糕了。我記得，有一戶人家，三個成年小姐共睡一張床，都在不同的時間上班，每個人起床或進門時都會干擾到另外兩個。另一戶人家，一個年輕礦工上晚班，白天在一張窄窄的床上睡覺，晚上則是家裡另一個人在睡。孩子們大了就更麻煩，因為你無法讓男女孩們同睡一張床。我去過一戶人家，家裡有爸爸媽媽、一個兒子和一個十七歲左右的女兒，一家人只有兩張床。爸爸和兒子一起睡，媽媽和女兒一起睡，這是唯一能做的安排。還有屋頂漏雨牆壁滲水的困難，冬天時房子簡直沒辦法住。還有蟲蟻。蟲蟻一旦侵入房子，就會一直待到世界末日，沒有一勞永逸的辦法能根除它們。還有窗戶無法打開的問題。夏天，都在一間狹小悶熱的客廳裡煮飯，火幾乎得一直燒著，不用我說，你也能想像是什麼狀況。背靠背的房子還有特別的困擾 —— 距離廁所和垃圾桶不到五十碼，衛生條件根本超差。在臨街的房子裡 —— 只要是市政府管不到的小巷子 —— 女人們就是把垃圾往門口扔，這樣一來，排水溝裡總是塞滿了茶葉和麵包屑。還有一點值得考量的是，對在一個目之所及只有一排廁所和牆壁的陋巷中長大的孩子而言，這到底是什麼環境？

臨時住所的困境

在這樣的地方,女人在無窮無盡的勞動中努力做著各種可憐苦役。她或許能堅持自己昂揚的精神,但她無法堅持自己對乾淨整潔的標準。總有事情要做,幾乎沒有空間,簡直連喘口氣的時候都沒有。剛剛幫一個孩子洗完臉,另一個又髒了;你還沒洗好前一頓飯用完的碗盤,又該做下一頓飯了。我發現我去過的各家房子大不相同。有些在這樣的條件下算是夠體面的了,有些卻駭人聽聞,我都無法完全形容出來。首先,最明顯也最要命的事情,就是無法描述那種氣味,還有那種骯髒和混亂!這裡一滿桶的髒水,那裡一滿盆沒洗的碗盤,所有角落裡都堆著盤子,到處都散落著撕爛的報紙,中間總是那同樣的可怕的桌子——蓋著黏糊糊的油布,擠滿鍋碗瓢盆、補到一半的襪子、已經乾掉的麵包、油膩膩的報紙包裹了幾塊起司!狹小的房間裡擁擠不堪,從一邊到另一邊簡直難以走動,每動一下,都會有一堆衣物的溼氣撲面而來,孩子們聚在腳下像一朵朵蘑菇!有一些場景在我記憶中格外鮮明。在一座礦村裡的一戶農舍中,客廳稱得上是家徒四壁,全家老小都沒有工作,人人飢腸轆轆。有成年兒女的大家庭拚命生孩子,所有人都像一個模子刻出來的,紅色的頭髮,寬大的骨架,被營養不良和無所事事毀掉的扭曲的面孔;一個高個子的兒子坐在火爐旁,神情呆滯,連有人進門也沒注意,慢慢地脫下一隻黏糊糊的襪子,露出一隻腳丫。在維根,一間可怕的房子,所有的家具都像是用包裝箱和木桶條做成的,而且也快散架

◆ **Part One 工業化的反思：我們可以改變的未來**

了；一位老婦脖子烏黑，亂髮低垂，用她特有的鄉音痛罵她的房東；她年過九旬的老母親，隱沒在背景裡，坐在給她當便桶用的木桶上，用蠟黃而呆滯的眼神空茫地看著我們。類似的記憶我可以寫上好幾頁。

當然，有時候這些人家的髒亂是他們造成的。就算你住在一棟背靠背的房子裡，有四個孩子，總收入三十二便士，每週從公援委領取六便士，也沒必要讓沒倒的便壺遍布客廳角落。但我確定的是，這樣的環境激發不了自尊心。關鍵因素很可能是孩子的數量。我見過的家裡保持得最好的是沒有孩子，或者只有兩三個孩子的人家，比如說在三間房的房子裡有六個孩子，那就完全不可能保持任何整潔。非常明顯的一件事是，樓下從來不是最髒的。你就算去的是最窮的失業者家裡，也可能形成錯誤的印象。你可能以為，這些人有不少家具和鍋碗瓢盆，也不算是多麼困窘，要在樓上的房間才會真正顯現貧窮的醜陋。究竟是因為愛面子，人們才盡量保持客廳的整潔，還是因為寢具較易典當，我不知道。但肯定的是，我見過的很多臥室都非常恐怖。對於連續失業好幾年的人，根本不可能擁有全套的被子。幾乎沒有稱得上被子的東西——只有一堆超舊的大衣和亂七八糟的破布堆在鏽跡斑斑的鐵床架上。這樣一來，擁擠問題更加嚴重。我知道的一個四口之家，父母二人和兩個孩子，有兩張床卻只能用一張，因為另一張床沒有被子。

臨時住所的困境

想知道最嚴重的房屋不足是什麼狀況，北方城鎮裡大量存在的大篷車屋就成了人們的家。戰後以來，由於完全無房可住，人們湧入了本是臨時住所的固定大篷車。比如，維根人口數約八萬五千人，有大約兩百個大篷車屋，每個住一戶人家——也許有近千人。整個工業區這種大篷車居民共有多少，欠缺精確統計。當地政府對此不聞不問，1931年的人口普查報告似乎沒有計入這些人。但根據我的調查發現，在蘭開夏郡和約克郡，或許還有更北邊的一些地方，大部分較大的城鎮裡都有這類居民。整個英格蘭北部，很可能有好幾千甚至好幾萬這樣的家庭（而非個人）只能住在固定大篷車裡。

但「大篷車」這個詞容易引起誤解。你以為是在露營（當然是在天氣晴朗的時候）的圖景，燒著熊熊的柴火，孩子們採摘黑莓，繩子上晾有五顏六色的衣物迎風飛舞。維根和雪菲爾的大篷車駐地可不是這樣。我認真仔細地考察了維根的大篷車，我從沒見過這般髒亂。我一見到它們，就馬上聯想起在緬甸的印度苦力所住的骯髒豬圈。但實際上，印度苦力的環境也沒有這般糟糕，因為在緬甸，不用忍受英格蘭潮溼刺骨的寒冷，陽光也可以殺菌。

維根髒臭的運河兩岸，有很多處荒地，大篷車就像從垃圾桶裡倒出來的垃圾一樣被扔在這裡。其中有些非常老舊又年久失修。大部分是老式的單層巴士，沒有輪子，只用木樁撐起

◆ Part One　工業化的反思：我們可以改變的未來

來。有些僅僅是馬車車廂，頂上架著半圓的木條，搭上帆布，所以車裡和車外只有一張帆布之隔。裡面的空間通常大約五英呎寬，六英呎高（在哪一個裡面我都站不太直），六到十五英呎長。我以為有些只住一個人，但我見過的都至少住了兩人，有些還住了一大家子。例如，有一個長約十四英呎的篷車裡，住了七口人──大約四百五十立方英呎的空間裡住著七口人。也就是說，每個人的生活空間比一間廁所還要小得多。這種地方的髒亂擁擠，除非親眼見到、鼻子嗅到，否則無法想像。每間車廂都有一個小灶和各種家具──有時是兩張床，大多時候是一張，然後一家人就擠在一起睡。睡在地板上簡直是不可能的，因為溼氣會從下面滲上來。

　　我見過早上十一點還溼淋淋的坐墊。冬天太冷，灶上必須夜以繼日地燒火。窗戶也從來不開。水是從整個駐地公用的一個馬達打上來，有些篷車住民每裝一桶水都要走上一百五十到兩百碼。根本沒有排汙設備。大多數人就在自己篷車周圍的小空地上搭一個小棚屋作為廁所，每週挖一個深坑用來填埋糞便。我在這些地方見過的所有人，尤其是孩子，都髒得無法形容，而且我毫不懷疑，他們應該也長了蝨子。當我從一個篷車走到另一個篷車時，心頭縈繞不去的想法是，在那些擁擠的車內，要是有人死了會怎麼辦？但是當然，我問不出口這樣的問題。

　　有些人已經在篷車裡住了很多年。理論上，市政府正在清

臨時住所的困境

理篷車駐地,將其中居民遷入房屋,但由於房子沒建好,篷車還繼續存在。我訪談過的大多數人已經放棄了重新獲得一個體面住所的想法。他們沒有工作,工作和房子對他們而言是同樣的遙不可及。有些人似乎無所謂,有些人則十分清楚他們的生活是何等悲慘。有一個女人的面容在我的腦海裡揮之不去——一張滄桑如骷髏般的臉龐,神情透露出無法忍受的悲慘和墮落。

我想,我全身髒兮兮時是什麼感受,她在那樣可怕的像豬圈的環境裡,努力保有一大群孩子的乾淨,就會是什麼感受。這些人並不是吉卜賽人,他們是體面的英格蘭人,除了在此出生的孩子們外,都曾有過自己的家園。更何況,他們的篷車還遠遠比不上吉卜賽人的篷車,根本無法移動。雖然有些中產階級認為下等人不會介意這種事情,若是搭火車路過一片篷車駐地,會直覺以為這些人是主動選擇住在那裡的。但值得注意的是,篷車住民住在那裡也不是免費的,他們要交跟住房子一樣的房租。我沒聽說過低於一週五先令的房租(五先令租金的空間大約兩百立方英呎),甚至租金有高達十先令的情況。一定有人靠這些篷車賺錢!但是,顯然篷車之所以繼續存在,就是因為房屋嚴重不足,並非因為貧窮。有一次和一位礦工談話時,我問他,在他那個地區的房子是從什麼時候開始嚴重不足的,他回答說:「從以前就是這樣。」直到最近,人們的生活水

Part One　工業化的反思：我們可以改變的未來

準還是極低，他們把任何程度的擁擠都視為理所當然。他說在他小時候，他們一家十一口都睡在一間房裡，也不覺得什麼，後來，他長大成人，和老婆住在一棟老式的背靠背房子裡，不僅要走上幾百碼才能到廁所，而且常常到了那裡還要排隊，因為有三十六個人共用這個廁所。當他老婆重病纏身時，她還是得走兩百碼去上廁所，最後去世了。

　　我不知道是不是真的。能確定的是，現在沒人能忍受十一個人共睡一屋了，而且就連收入小康的人們也無法忍受「貧民窟」，因此有了戰後我們不時聽說的關於「安置新居」和「清理貧民窟」的聲音。主教、政客、慈善家等等，都道貌岸然地談論著「清理貧民窟」，因為他們可以藉此轉移注意力，以為清理了貧民窟貧窮就會消失。但這所有主張，全都收效甚微。目前來看，比起十幾年前，擁擠問題毫無改善，甚至還惡化。不同城鎮解決住房問題的速度也相差甚遠。有些城鎮，房屋建造近乎原地踏步，在另一些城鎮則進展迅速，個人房東就快沒生意了。例如，利物浦已經大幅重建，主要都是市政府的功勞。雪菲爾也在拆舊建新，速度飛快，但比起那裡貧民窟無與倫比的髒亂，速度或許還不夠快[028]。

　　為什麼安置新居整體進展如此緩慢？為什麼有些城鎮借款

---

[028]　1936年初，雪菲爾在建的市政住房有一千三百九十八所。要取代雪菲爾全境的貧民窟，據說需要十萬所。

臨時住所的困境

建房會比其他城鎮容易得多？我不知道。這些問題有待更了解當地政府運作的人來回答。一套市政房屋的價值約在三、四百英鎊之間，由「直聘勞工」建造，比合約制建造便宜得多。這些房子的房租一年平均二十英鎊以上，不含稅，因此人們認為即使加上管理費和貸款利息，不管建造多少房屋供人租住，市政府都能賺回成本。當然，多數情況下，這些房子必須給公援戶住，所以當地政府不過是把錢從一個口袋拿出來又放到另一個口袋裡去 —— 也就是以救濟的方式拿錢出來，又用租金的形式收回來。但不管怎樣他們都得出救濟金，而現在他們所出的錢有一部分被私人房東收走了。建造速度慢的原因，據說有兩點，一是缺錢，一是土地，因為市政想蓋的是成片的區域，可以一次建幾百棟，而不是零星的幾棟。有一件總讓我覺得無法理解的事情，那麼多的北方城鎮迫切需要住房，同時卻又在大肆建造宏大豪華的公共建築。例如，巴恩斯利城最近花了將近十五萬英鎊建造新市政廳，但他們也需要至少兩千棟工人階級住房，更別提公共浴室[029]。

十五萬英鎊可以用來建三百五十棟市政住房，用一萬英鎊整修市政廳。然而，正如我所說，我不了解當地政府的想法。我只是記錄一個事實：我們急需房屋，可是整體上房屋的建造

---

[029] 巴恩斯利的公共浴室共十九個男用浴缸 —— 這是一個七萬居民的城鎮，大部分為礦工，他們每一個人家裡都沒有浴室。

✦ **Part One　工業化的反思：我們可以改變的未來**

總是停滯不前。

　　然而，房子還是在建的，小紅房子一排接著一排，像極了兩粒豌豆，每粒豌豆也都不太一樣。接連排列的小紅房子成了工業城鎮郊區的特色。至於它們是什麼樣，和貧民窟房屋比起來如何，我從日記裡再摘錄兩條筆記，就能說明了。租戶對房子的看法大相逕庭，所以我會選出一條滿意的，一條不滿意的。兩個房子都在維根，都是較為便宜的「無會客室」的房型：

　　1. 毛櫸山區的房子。

　　樓下：大客廳附有壁爐灶，櫥櫃和固定碗櫃、複合地板。門廳小，廚房大。向市政府租用新款電爐，花費和煤氣爐差不多。

　　樓上：兩間大臥室，一間小臥室──只能做儲藏室或客房。浴室、廁所，有冷水和熱水。

　　小花園：各區不同，但大多數都比常見的社區菜圃小得多。

　　四口之家，父母二人，兩個孩子。丈夫有份好工作。房子似乎建得不錯，看上去非常宜人。有一些規定，例如，禁止養家禽和鴿子，不准收房客或轉租或未經市政府允許擅自營業使用。（不收房客一項容易保證，其他則不然。）租戶對房子非常滿意，以此自豪。這一區裡的房子都維護得很好。市政府積極修繕，但也要求租戶保持環境整潔等等。

　　租金十一先令三便士，含稅。到市區的公車車資兩便士。

2. 威利區的房子。

樓下：客廳十四英呎乘以十英呎，廚房小得多，樓梯下有小食品間，窄小但相當不錯的浴室。煤氣爐、電燈照明。廁所在室外。

樓上：一間臥室十二英呎乘以十英呎，附有小壁爐，另一間一樣大小，沒有壁爐，還有一間七英呎乘六英呎。最好的一間臥室裡有一個小壁櫃。花園大約二十碼乘以十碼。

六口之家，父母二人，四個孩子，大兒子十九歲，大女兒二十二歲。只有大兒子有工作。租戶非常不滿意。他們說房子又冷又潮溼。客廳裡的壁爐不通風，弄得屋裡烏煙瘴氣——因為位置裝得太低了。最好的臥室裡的壁爐也太小，根本沒辦法用。樓上的牆壁龜裂。由於最小的那間臥室沒用，五個人睡在一間臥室，一個人（大兒子）睡另一間。

這個區的花園都無人照管。

租金十先令三便士。距離市區一英哩多——這裡沒有公車。

各地所建市政住房相差不大。有兩件事顯而易見。首先是，最差的市政房也比原本的貧民窟好。僅僅是擁有浴室和一小片花園就幾乎抵得過任何缺點。另一件則是這些房子要貴得多。人們搬出租金六、七先令的危樓，分了一棟要付十先令的市政住房。對於有工作的人而言，影響頗大，因為領公共援助

✧ **Part One 工業化的反思：我們可以改變的未來**

的人，房租是擔保金的四分之一，如果超出這個數額，就能獲得一份額外補貼。不管如何，有些類別的市政住房是領救濟的人不能住的。但這一區的生活在其他方面也很貴，不論你有沒有工作都一樣。首先，由於房租高，社區裡的商店物品不僅貴數量也少。然後，在一棟相對寬敞、獨立的房子裡，雖遠離了貧民窟的擁擠，這裡卻冷得多，要燒更多燃料。而且，對於工作的人來說，還要付出每天通勤的費用。這最後一項是新居安置一個重要的政策 —— 清理貧民窟意味著分散人口。大規模重建時，實際上是要疏散城鎮中心，分流到郊區。某種意義上這是非常好的，人們擺脫了惡臭的陋巷，來到他們可以呼吸的地方，但從這些人的角度來看，政府所做的是把他們連根拔起，然後丟到離工作地點五英哩外的地方。最簡單的解決辦法是樓房。如果人們真要住在大城市，就必須學會住在彼此的屋頂上。但北方的工人們不喜歡樓房，即使政府明文規定，樓房也被民眾鄙視。幾乎所有人都說，他想要一棟自己的房子，一棟位於一個綿延一百碼的街區中的房子，而不是位於半空中的樓房。

回到我剛剛提到的第二棟市政住房。租戶抱怨房子又冷又潮溼等等。或許房子偷工減料，但也有可能是他言過其實。他從維根一個骯髒的小棚屋搬來這裡，在那裡時，他想盡辦法弄到一棟市政住房，而他剛一搬進市政住房，馬上就想回貧民窟

臨時住所的困境

了。這看似是在吹毛求疵，但其中包含著一種真正的悲哀。我發現住市政住房的人們並不真的喜歡這房子。他們樂意擺脫貧民窟的惡臭，他們知道能有空間玩耍對他們的孩子更好，但他們並不真正感到自在。通常只有工作順利、有能力在燃料、家具、交通上多花費一些，看似「上等」類型的人才會例外。其他人——那些典型的貧民窟住民，則想念貧民窟中臭烘烘的溫暖。他們抱怨說，在這「荒郊野外」的城鎮邊緣，他們快「餓死了」（凍死了）。大多數市政房在冬天確實相當陰冷。

我到過一些地處光禿禿的黏土坡、頂著冷冰冰寒風的房子，住起來很可怕。實際情況並不是資產階級所以為的那樣[030]，是貧民窟住民自己想要髒亂和擁擠。給人們一棟體面的房子，他們很快就能學會保持它的體面。而且，有一棟模樣整潔的房子，他們為了配得上這房子，會增加自尊，講究乾淨，他們的孩子將有更好的機會開始人生。然而，市政住房裡有一種令人窒息、幾乎像監獄一樣的氣氛，而住在裡面的人們對此一清二楚。

這裡就出現了住房問題的關鍵困難。當你走在曼徹斯特烏煙瘴氣的貧民窟時，你以為只要拆掉這些可惡的房子，建起體面的房子取而代之就沒事了。但重點在於，毀了貧民窟，你也

---

[030] 例子參見高爾斯華綏《天鵝之歌》中關於清理貧民窟的對話，作者藉一位博愛的猶太人之口，說出了出租人奉為圭臬的信條：是貧民窟住民造就了貧民窟，反之則不然。

✦ **Part One　工業化的反思：我們可以改變的未來**

毀了其他東西。房屋嚴重不足，而建房速度不夠快，但就算處理了安置新房的問題，也是——或許這是無可避免的——以一種殘忍的不人道的方式處理。我不是指房子新或醜。所有的房子剛開始都是新的。再說醜，事實上，現在興建的市政住房也不醜。利物浦的有些郊區整個都是市政住房，十分悅目，有一個城鎮中心的工人樓房街區，我想是模仿維也納的工人樓房建造的，絕對是漂亮的建築。但有一些不通人情的問題。比如說，住在市政住房你所會受種種限制。你不能隨心所欲地裝潢你的房子和花園——在有些社區，甚至規定每個花園都必須裝同樣的籬笆。你不能養家禽和鴿子。約克郡礦工喜歡養鴿子，他們把鴿子養在後院裡，星期天帶出來比賽。但市政府要管制這種麻煩的鳥。對商店的限制更加嚴格。嚴格限制社區裡商店的數量，據說以合作社和連鎖店優先，但未被證實，但這確實是社區裡最常見的商店。這對個體戶店主的角度來說更是災難。很多小店家都被新居安置方案徹底擊垮，這些方案根本沒有考慮到他們的存在。

　　一整片城鎮先被劃定為危樓，房子拆毀後，把人們遷往數英哩之外的某個安置社區中，這個區域裡店家的所有客戶全被遷走，也拿不到一分補償。他們無法轉去社區裡做生意，就算他們搬得起，也出得起貴得多的租金，但很可能領不到執照。至於酒館，在安置社區裡幾乎無法生存，僅存的幾個也都是些

臨時住所的困境

死氣沉沉的地方，啤酒公司操控著價格，消費很高。對於中產階級，這令人失望，因為可能為了喝一杯啤酒要走上一英哩，對把酒館當作俱樂部的工人階級而言，這是對生活的一大沉重打擊。把貧民窟住民遷入體面的房屋裡確實是一項偉大成就，但不幸的是，由於我們這個時代的特殊性，也必須掠奪他們最後一絲殘存的自由。這些人自覺這一點，當他們抱怨他們的新房子 —— 作為房子，這比他們之前的貧民窟要好得多了 —— 寒冷、不舒服、「不像個家」時，他們其實是在梳理這種感覺。

我有時認為，自由的代價與其說是永遠的警惕，不如說是永遠的骯汙。在有些市政社區，新租戶獲准入住新房之前，要接受整體的除蟲。除了身上穿的，他們所有的財物都會被拿走、消毒，再送入新屋。這個流程有其道理，因為萬一人們將蟲蟻帶進嶄新的房子確實會令人鬱悶（只要有半點機會，蟲蟻都會跟著你到天涯海角），但是這樣的事情，會讓你希望能把「骯汙」這個詞從詞典裡抹去。蟲蟻是可惡，但要人們任由自己像牛羊一樣被清洗的這種情況更是可惡。或許清理貧民窟時，人們必須把一定的規定和不人道視為理所當然。等到一切塵埃落定，最重要的事是人們住進了體面的房子，而不是豬圈。一個孩子可以呼吸新鮮空氣，婦女可以有點空閒暫離操勞，男人可以有一小片花園得以耕種，一定比里茲和雪菲爾惡臭的窮街陋巷要好。整體而言，市政社區比貧民窟要好，但只是好了一丁點。

◆ Part One　工業化的反思：我們可以改變的未來

　　我研究住房問題時，曾去過多個礦業城鎮和鄉村，造訪考察了不少房屋，或許超過一兩百間。在此，我必須談談我在所到之處受到的非凡禮遇和友善對待。我並非一人獨自前往，總是有當地失業的朋友帶我參觀，即使如此，跑到陌生人的家裡拜訪、詢問臥室牆上的裂縫，也是無禮之舉。然而所有人都十分有耐心，我不用解釋為何要對他們問東問西，我想看的是什麼，他們就明白了。如果哪個莫名其妙的人走到我家裡，問我屋頂是否漏雨，有沒有受到蟲蟻困擾，對房東作何看法，我八成會叫他滾。這種情況我只遇到過一次，而且那次是因為那個女人有些耳背，把我當成了收入調查的密探，但在她了解之後態度也軟化，提供了我想要的資訊。我聽說，作家引述別人對自己的評論是不得體的，但我想在這裡反駁一下《曼徹斯特衛報》上有關我的一本書的評論：

　　窩在維根或白教堂，歐威爾先生仍將運用他準確無誤的、對所有美好事物視而不見的能力，繼續他全心全意誹謗人類的大業。

　　錯了。歐威爾先生「窩在」維根很久，卻絲毫沒有激起他誹謗人類的願望。他非常喜歡維根 —— 那裡的人，而非那裡的風景。實際上，他對維根只有一點不滿意，是關於鼎鼎大名的維根碼頭，他一心想去看這個碼頭。可惜！維根碼頭已經被拆毀了，就連原址也已經無法確認。

底層人民的生活困境

　　看到失業者的數字為兩百萬，你會以為有兩百萬人沒在工作，而其他人都還過得不賴。我承認，直到最近，我自己的想法也是這樣。我以前以為，如果登記在冊的失業人數為兩百萬左右，加上貧困和因為種種原因沒有登記的人，那麼英國食不果腹的人數[031]最多為五百萬。

　　這是大大的低估。首先，只有真正領取失業救濟金的人才會呈現在失業數字上——通常來說，也就是家庭戶數。失業男性的家眷不會計入名單，除非他們也領取其他的補助。一位工作介紹所的官員告訴我，要得到真正靠失業救濟金生活（而非領取）的人數，你必須把官方數字再乘以三以上。僅這一項就將失業人數提高到了約六百萬人。但是，有很多人雖有工作，但從經濟狀況上說，卻跟失業差不多，因為他們領到的薪資完全無法餬口[032]。加上這些人以及他們的家眷，和之前一樣加上領老人年金的老年人、貧窮人口和其他無法歸類的，得出的食不果腹人口數量就超過一千萬。約翰‧奧爾爵士[033]（John

---

[031] 所有領失業救濟金或處於同一水平線的人都是食不果腹。
[032] 例如，最近對蘭開夏郡紡織廠的一次普查發現，超過四萬名全職員工，每人每周的工資不足三十先令。以普勒斯頓一市來說，每周超過三十先令的人數為六百四十人，不到三十先令的為三千一百一十三人。
[033] John Boyd Orr（1880～1971），英國營養學家，戰後任聯合國糧食和農業組織第一任總幹事，致力於解決戰後饑荒，1949 年諾貝爾和平獎得主。

✧ Part One　工業化的反思：我們可以改變的未來

Boyd Orr）認為是兩千萬。

　　就資料來說，維根足以作為工業和礦業地區的典型。有保險的礦工人數約三萬六千人（男性兩萬六千，女性一萬）。其中，1936 年初的失業人數約一萬。但這是在冬天，煤礦全天開工的時候，而夏天大約為一萬兩千人。和上面一樣乘以三，就得到三萬或三萬六、七千。維根的總人口略少於八萬七千。如此，隨時都有總人口的三分之一在領取或靠失業救濟金生活，而不僅是登記在冊的工人。這一萬或一萬兩千的失業人口組成中就有四、五千礦工，已經連續失業七年。而維根在工業城鎮中並不算特別不景氣的。就連在過去一年形勢大好的雪菲爾，失業比例也相差無幾──登記工人中有三分之一失業。

　　從最初失業，直到保險額度用盡，都可以領取「全額補助」，金額如下：

	每週
單身男子	17 先令
妻子	9 先令
14 歲以下孩子	3 先令

　　因此，對於一個典型的五口之家，有三個孩子，其中一個十四歲以上，總收入就為每週三十二先令，外加大孩子可能賺得的一點錢。當保險額度用盡後，在轉入 PAC（公共援助委員

會）之前,能從UAB(失業救助局)領取為期二十六週的「過渡補助」,金額如下:

	每週
單身男子	15 先令
夫妻二人	24 先令
14～18 歲孩子	6 先令
11～14 歲孩子	4 先令 6 便士
8～11 歲孩子	4 先令
5～8 歲孩子	3 先令 6 便士
3～5 歲孩子	3 先令

因此,在領失業救助時,如果孩子均未就業,一個典型的五口之家的收入為每週三十七先令六便士。領取失業救助時,救濟金的四分之一視作房租,最低每週七先令六便士。如果所交房租高於救濟金的四分之一,就會獲得一項額外補助,但如果低於七先令六便士,就要減去相對的差額。公援委的支出理論上來自當地稅收,但由中央基金支應。補助金額為:

	每週
單身男子	12 先令 6 便士
夫妻二人	23 先令
最大的孩子	4 先令
其他各個孩子	3 先令

◆ Part One　工業化的反思：我們可以改變的未來

　　這些金額由當地部門自由調整，各地差別不大，單身男子有可能額外獲得每週兩先令六便士的補助，使補助達到十五先令。和失業救助一樣，已婚男子的救濟金有四分之一視作房租。因此，如上文考慮的那種典型家庭的總收入為一週三十三先令，其中四分之一視作房租。此外，大部分地區，在聖誕節前後各六週，會發放一份每週一先令六便士的煤炭補貼[034]。

　　可見，正常情況下，領救濟金的家庭平均收入約每週三十先令。其中至少四分之一可以抵銷房租，也就是說，不論大人小孩，平均每人用來吃飯、穿衣、取暖及其他用度是每週六、七先令。在工業地區，大概占總人口三分之一的龐大人群，都是這樣的生活水準。

　　收入調查執行得非常嚴格，只要發現你能從其他管道弄到錢的蛛絲馬跡，就有可能拒絕支付救濟金。例如，碼頭工人通常按半天受僱，需要一天分兩次去工作介紹所簽到。如果沒去，就視為在工作，救濟金也就相對減少。我見過躲避收入調查的例子，在工業城鎮仍然存在一定的社交生活，每個人都有熟識的左鄰右舍，想在這裡躲避調查要比在倫敦難得多。通常的辦法是，實際與父母同住的年輕人捏造住址，假裝自己另住一處，因此單獨領取一份補助。但是有很多愛檢舉的好事之人。例如，我認識一個人，有人看見他在鄰居不在家時餵鄰居

---

[034]　一先令六便士大概能買到一英擔煤。

底層人民的生活困境 ✦

家的雞,就報告當局,說他「有一份餵雞的工作」,而他很難反駁這種說辭。維根最受歡迎的笑話就是,相關部門拒絕發救濟金給一個人,理由是他「有一份運柴火的工作」。據說,有人看到他晚上運木柴。他不得不解釋說,他不是在運木柴,而是在晚上搬家。所謂的「柴火」是他的家具。

收入調查最殘忍的惡果就是破壞家庭。有時,纏綿病榻的老人因此被趕出家門。例如,一個領老人年金的老人,如果是鰥夫,一般會和某個孩子一起住,他每週的十先令貢獻給家庭開支,而他則會獲得不錯的照料。但是,按收入調查的說法,他算是「房客」,如果他待在家裡,就會停發孩子們的救濟金。所以,他可能會在七十甚至七十五歲高齡時,流落旅館,將老人年金拱手交給旅館的經營者,而徘徊在餓死的邊緣。我自己就見過好多這樣的事例。託收入調查的「福」,此時此刻全英國正到處上演這樣的事。

然而,儘管失業程度駭人聽聞,有一個事實是,貧窮——赤貧——在北方工業區不如在倫敦明顯。北方事事都窮困寒酸些,汽車也少,衣冠楚楚者也少,但明顯赤貧的人也要少些。即使在利物浦或曼徹斯特這樣規模的城市,你也會驚訝於乞丐並不多。倫敦像個漩渦,吸引著流離之人,而它又那麼大,大得讓那裡的生活顯得孤獨而寂寂無聞。只要你不犯法,沒人會注意你,你可以自暴自棄,這在一個鄰里相熟的地

✧ **Part One　工業化的反思：我們可以改變的未來**

方是不行的。但是在工業城鎮，古老的生活方式尚未崩壞，傳統仍然強大，幾乎所有人都有家庭。在一個有五萬到十萬居民的城鎮，沒有流離人口和所謂的不知底細的人群，比如說，沒有人露宿街頭。而且，失業規定不阻礙人們結婚。夫妻兩人一週二十三先令雖不比飢餓線高出多少，但他們好歹可以組成一個家，比單身漢靠十五先令過活的時候要好得多。無業單身漢的生活很辛苦。他有時住在一間旅館裡，更經常是每週六先令租金的「附家具」出租房間裡，用另外九先令盡量過得好些（比如每週六先令吃飯，三先令穿衣、抽菸、娛樂）。他飲食簡單，也無法好好照顧自己，而每週房租六先令的人，除非逼不得已，不太會待在屋裡。他可能整日流連於圖書館或者其他可以讓他保暖的地方。保暖──幾乎是無業單身漢冬天裡最重要的事。在維根，最受歡迎的避難所是電影院，只要四便士，你就能有個座位。在某些電影院的白天場，甚至只要兩便士就能有座位。就算是瀕臨餓死的人也願意花兩便士擺脫冬日下午可怕的嚴寒。在雪菲爾，有人帶我去大會堂聽一個教士的布道，這絕對是我聽過的空前絕後、無可匹敵的、最愚蠢、講得最糟糕的一場布道。我發現要坐到布道結束根本不可能，確實，布道還沒進行到一半，我就離開了。然而大會堂裡擠滿了失業的人，為了有個溫暖的地方躲一躲，他們寧願坐著忍受胡說八道。

底層人民的生活困境

我有時見到領失業救濟金的單身漢過著極度悲慘的生活。我記得，有一個鎮上，一大群單身漢違法占據一棟快要倒塌的廢棄房屋。他們從垃圾堆撿來了幾件家具，我記得他們唯一的桌子是一張老舊的大理石面的洗手臺。但這種事情是例外。工人階級的單身漢是稀有物種，只要男人結了婚，即使失業也不太會改變他的生活。他家徒四壁，但仍然是個家，而且在各地都可以觀察到，失業造成的反常形勢——男人沒了工作，女人的工作卻一如既往——並沒有改變兩性的相對地位。工人階級家庭裡，男人是一家之主，例如，你在一個工人階級家中，男人幾乎永遠不做家務。失業時也一樣不會做，表面上看這有些不公平。男人從早到晚無所事事，女人卻依然忙碌。事實上比從前更加忙碌了，因為過日子的錢更少。然而，就我的經驗來看，女人們並未反抗。我相信，她們和男人一樣，也覺得一個男人如果丟了工作，就變成「家庭主夫」，會喪失男子氣概。

但是毫無疑問，失業對無論已婚還是單身的人，都造成了一種死氣沉沉、欲振乏力的影響，而且對男人的影響大過女人。即使是優秀的知識分子也承受不起。我見過有些失業者是真正的文學才俊，還有一些我雖沒見過，卻偶爾在雜誌上看到他們的作品。他們時不時地創作一篇文章或短篇小說，顯然比政治家們大肆宣揚的那些內容要好，但時隔很久才有一篇作

✦ Part One　工業化的反思：我們可以改變的未來

品。他們為什麼不多利用自己的天賦呢？他們有的是時間，為什麼不坐下來寫寫書？因為寫書，你不僅需要舒適和獨立的空間，還需要平靜的心靈。可是在工人階級的家庭不易獲得獨立的空間，失業的烏雲籠罩著你，讓你無法靜下心來做任何事，無法激起希望的熱情去創造任何東西。不過，喜歡與書為伴的失業者也可以投身於閱讀。但那些一讀書就不舒服的人呢？以一個礦工為例，他從孩提時代起就在礦井裡工作，被訓練成為礦工，此外別無所長。他要如何填補空虛的時光呢？沒有工作可找，人人都知道。你不可能一連七年天天都找工作。社區有菜圃可以打發時間，也幫助養活了一家人，但在大城鎮，只有少部分人才有菜圃。也有幾年前開始興起的職訓中心介紹所。但整體來說這項政策並不成功，有些職訓中心發展得不錯，我去過一兩個。有可供人們取暖的場所，還定期開課，教授木工、手工藝、編籃子、做靴子、做皮具、編海草等等，教導人們使用這裡的免費工具和便宜的材料做家具之類的，不是做生意，而是用在自己家。與我交談過的大多數社會主義者都大肆抨擊這項政策，一如抨擊分配小型地產的案子給失業者——成效不彰。他們說，職訓中心不過是個工具，好讓失業人員安靜，給他們一個假象，以為有人在幫助他們。毫無疑問，這就是真正的動機。讓人忙於修理靴子，他就不太可能去讀《工人日報》了。而且這種地方還有一種基督教青年會的氣氛，你

底層人民的生活困境

一進去就能感覺到。常來這裡的失業者大多是順民類型——那種告訴你他「滴酒不沾」並支持保守黨的人。不過，即使在這一點上，你也覺得左右為難。因為就算把大好光陰浪費在編海草這樣無意義的事上，很可能也好過一連好幾年一件事都沒做。

目前為止，對失業者幫助最大的是 NUWM ——「全國失業工人運動」所做的工作。這是一個革命性的機構，旨在團結工人，防止工人在罷工中臨陣倒戈，提供他們法律建議對抗收入調查。這是失業者自己從無到有展開起來的運動。我對這些 NUWM 人士萬分欽佩，他們像其他人一樣衣衫襤褸又食不果腹，卻維持著機構的運作。不過，我更欽佩的是他們做事的策略與耐心。因為，要讓領公共援助的人從口袋裡每週拿出一便士交會費，可不容易。正如我之前所說，英國的工人階級並未展現多棒的領導才能，但他們有著高超的組織才能。這整個工會運動就是證明。在約克郡遍地開花的工人俱樂部也是一樣——確實是一種光榮的合作酒館，組織得有聲有色。NUWM 在很多城鎮設立了活動中心，安排社會主義演說家演講。但就算在這些活動中心，人們也只是圍坐在爐火前，偶爾玩一把西洋骨牌。如果這種運動會議能夠和職訓中心相結合，就能提供更多幫助。看著一個有本事的人年復一年在徹底而無望的閒散中頹廢，真是可怕。總該給他機會利用自己的雙手，

✧ Part One 　工業化的反思：我們可以改變的未來

為自己的家園製作家具等等，同時不要讓他成為基督教青年會式的昏庸之輩。我們最好面對這個現實：英國的幾百萬男性有生之年再也不會擁有一份真正的工作了，除非再爆發一場戰爭。只要他申請，就給每個失業的男人一片土地和免費的工具。本該靠公共援助過活的人，卻連自己種蔬菜養活家人的機會都沒有，真是可悲。

要研究失業問題及其影響，你就必須前往工業區。南方也存在失業的情況，但比較分散，並不突出，這令人感到奇怪。在很多農村地區，幾乎沒聽說過有誰失業，你也不會在那裡看到像城市裡整個街區都在靠失業救濟金和公共援助生活的奇景。只有當你寄宿在身邊充斥著失業者、找到工作的機率像擁有一架飛機那樣低、遠比在樂透中贏得五十英鎊的機率還小的街區裡，你才明白我們的文明發生著什麼樣的變化。毫無疑問的，確實有產生變化。工人們態度消沉，和七、八年前有著天壤之別。

我第一次意識到失業問題是在 1928 年。那時我剛從緬甸回來，在緬甸，失業還只是口頭說說而已。我少年時就前往緬甸，戰後的繁榮餘韻猶存。第一次在附近地區見到失業者時，我驚訝地發現，他們因失業而羞恥。我那時非常無知，但還不至於無知到因為失去海外市場而害得兩百萬人失業時，這兩百萬人比在加爾各答賽馬[035]中抽了空籤的人更該受譴責。但那時

---

[035] 印度 19～20 世紀初風靡一時的加爾各答賭馬。

底層人民的生活困境

候,沒有人願意承認失業是不可避免的,而意味著承認失業很令人難堪。中產階級認為他們是「領救濟金的懶人閒人」,說只要他們想,這些人全都能找到工作。當然,這種觀點也在工人階級間發酵。我最初與流浪漢和乞丐來往時,也因此偏見將他們視為玩世不恭的寄生蟲,卻發現他們之中有一部分,或許有四分之一,竟是正直的年輕礦工和紡織工人。他們看著自己的命運,流露出如同困於陷阱中的動物那樣遲鈍的驚異,我依然記得,我是何等的震驚。他們受的教育就是要工作,但是他們卻再也不會有工作的機會了。在那樣的處境下,最初免不了感到人格的受辱。這就是那個時代對失業的態度:這是一場發生在你個人身上的災難,問題在你。

當二十五萬礦工失業後,阿爾弗·史密斯,一個住在紐卡斯爾陋巷的礦工,當然也丟了工作。阿爾弗·史密斯不過是二十五萬人之一,只是一個統計單位。但人很難把自己看成一個統計單位。只要對街的伯特·瓊斯還有工作,阿爾弗·史密斯就會覺得自己顏面無光、一敗塗地,因此產生無能和絕望的可怕感覺,這是失業最可惡的一點 —— 遠比任何艱難困苦更可惡,也比任何被迫遊手好閒造成的道德墮落更可惡。每個看過華特·格林伍德[036]《領救濟金的愛情》這齣戲的人,都一定記得那可怕的瞬間。貧窮、善良而愚蠢的工人捶桌吶喊:

---

[036] 華特·格林伍德(1903〜1974),英國小說家。代表作為《領救濟金的愛情》,反映了1930年代英格蘭北部工人階級貧困的問題,被改編成了戲劇和電影。

✦ Part One　工業化的反思：我們可以改變的未來

「噢，上帝啊，賜我個什麼工作吧！」這並非戲劇誇張，而是生活的寫照。這聲吶喊，在過去十五年裡，一定曾幾乎原封不動地在千千萬萬個英國家庭中響起。但是我想，現在不會再響起了——或者至少，沒有那麼頻繁了。真正的意義就在於此：人們漸漸順應天命[037]了。畢竟，就連中產階級——不錯，就連鄉鎮上那些沉溺於橋牌的蠢貨——也開始意識到，真有失業問題這種東西。「親愛的，我可不相信失業問題這種胡說八道。哎呀，就在上個星期，我們想找個人來幫花園除草，偏偏一個人也找不到呢。他們不想工作，就這麼簡單！」這種五年前在任何一個體面的茶桌上都聽得見的話，正明顯地減少。至於工人階級自身，他們已經大大增加了經濟知識。我相信《工人日報》在這一點成績斐然：它的影響力遠遠超越它的銷量。不管怎樣，工人們已經吸收了這些知識，這不僅是因為失業問題波及如此之廣，更是因為它持續得如此之久。人們靠救濟金生活了多年以後，就習慣了這件事。領取救濟金儘管還是令人不快，卻不再可恥了。因此，害怕救濟院的古老傳統被瓦解了，正如分期付款制度瓦解了對欠債的古老恐懼一樣。在維根和巴恩斯利的窮街陋巷中，我見過種種貧困，但自認悲慘的人比十年前要少得多了。這些人至少已經明白，失業不是他們能夠改變的事情。現在不只是阿爾弗・史密斯沒工作了，伯特・

---

[037]　Kick against pricks，典出聖經，原指反抗上帝的旨意，後泛指反抗強權。

底層人民的生活困境

瓊斯也沒了工作,而且兩個人都已經「沒工作」好幾年了。當人人都一樣時,情況就大不一樣了。

於是,可以說,全部人口一輩子都指望公共援助了。而且,我認為令人欽佩甚至充滿希望的是,他們並沒有因此精神崩潰。工人並不會像中產階級人士那樣因為貧窮的壓力而崩潰。例如,工人階級並不覺得領著救濟金結婚有什麼不妥。但這會讓布萊頓的老太太惱火,工人階級證明了他們在關鍵問題上有正確的觀念,他們意識到,失業並不意味著你就不是人了。某種意義上,窮困地區的情況並不像看起來那麼糟糕。生活仍然十分正常,比人們所期望的更加正常。家窮了,但家庭體系並未分崩離析。這些人實際上過著生活的精簡版。他們沒有怨天尤人,而是降低自己的標準,逆來順受。但他們降低標準,並不是靠減少奢侈消費而是集中於必需品。細想一下,這是更自然的方式。因此,在十年空前絕後的大蕭條中,所有廉價奢侈品的銷量不降反增。大概戰後影響最大的兩件事就是電影和大量生產的廉價時尚衣服。年輕人十四歲就輟學,找了一份「前途無量」的工作,二十歲就失業,很可能終身失業。但是,花上兩英鎊十先令,他就可以分期付款替自己買一套西服,遠遠看去,像在塞維街[038]訂製的似的。女士們甚至只用更

---

[038] 塞維街位於倫敦西區,高級男子服裝店雲集,是世界最頂級的西服手工縫製聖地。

◆ Part One　工業化的反思：我們可以改變的未來

少的錢就能變得像時裝畫。或許你口袋裡只有三枚半便士的銅板，前途渺茫，除了一個破漏的臥室角落外無家可歸，但當你穿著新衣服站在街角，沉醉在白日夢中，把自己當成克拉克・蓋博[039]（Clark Gable）或葛麗泰・嘉寶[040]（Greta Garbo），就能大大補償你。就算是在家，通常也會喝茶——一杯「好茶」——而自1929年起就失業的父親，也因為對皇太子障礙賽馬[041]自有高見而暫時展開笑顏。

　　戰後的商業不得不做出調整，以適應收入微薄、食不果腹的人們的要求，結果造成奢侈品幾乎還比必需品便宜。一雙普通的硬底鞋和兩雙時髦的鞋子一樣貴。用一頓飽餐的價錢你能買到兩磅廉價糖果。三便士買不到多少肉，卻能買到一大堆炸魚和薯條。牛奶一品脫[042]三便士，就連「淡」啤酒也要四便士，但阿斯匹靈一便士能買七片，一包四分之一磅的茶葉能沖四十杯茶。最重要的是賭博，這是所有奢侈品中最廉價的。即使瀕臨餓死的人也可以花一便士買張樂透，買到幾天希望。用他們的話說，日子有個希望。有組織的賭博現在幾乎成了產業

---

[039]　Clark Gable（1901～1960），美國著名男演員，《亂世佳人》的男主角。
[040]　Greta Garbo（1905～1990），瑞典著名女演員，代表作有《安娜・卡列尼娜》、《茶花女》等。
[041]　全稱 The Cesarewitch Handicap，為英國著名的平地障礙賽馬比賽。Cesarewitch 源自俄語 Tsesarevich（皇太子），以示紀念俄國皇太子，即後來的亞歷山大二世，因為他贊助了300英鎊給賽馬俱樂部。
[042]　英美容量單位，1英制品脫等於568.26125毫升。

底層人民的生活困境

的支柱。例如，想想足彩這種現象：一年營業額約達六百萬英鎊，幾乎全部來自工人階級的口袋。希特勒重占萊茵蘭[043]時，我正好在約克郡。希特勒、洛迦諾[044]、法西斯、戰爭的陰霾在當地激不起人們絲毫興趣，但足聯停止提前釋出賽程表的決定（此舉意在遏制足彩），在整個約克郡掀起了軒然大波。還有現代科技向餓肚子的民眾說明各種奇蹟的怪異景象。你或許整晚因被子單薄而瑟瑟發抖，但到了早上，你就可以去圖書館，閱讀那些從舊金山和新加坡拍電報傳來的新聞。兩千萬人食不果腹，但幾乎全英格蘭的人都能聽到廣播。我們在食物上失去的都從電報上獲得了。整區的工人階級被奪走了他們真正需要的，卻被粉飾生活表面的廉價奢侈品部分補償了。

你覺得這一切令人滿意嗎？不，我不覺得。但工人階級顯然做了心理調適，在此情況下或許已經是做得最好的了。他們既沒有揭竿起義，也沒有失去自尊，他們只是忍辱負重，靜下心，在炸魚和薯條的水準上盡力泰然處之。若不如此，要麼絕望的持續痛苦，天知道會變什麼樣子；要麼可能企圖暴動，而在英國這樣強力的政府統治下，只會導致無謂的屠殺和野蠻的鎮壓。

當然戰後廉價奢侈品的發展對我們的統治者來說是一大

---

[043] 指德國西部萊茵河兩岸。第一次世界大戰後，《凡爾賽條約》規定萊茵蘭為非軍事區，1936 年，納粹軍隊占領該地，破壞了條約要求。
[044] 指《洛迦諾公約》，希特勒占領萊茵蘭，宣布不再受《洛迦諾公約》的約束。

✧ Part One　工業化的反思：我們可以改變的未來

好事。很有可能，炸魚和薯條、刺繡絲襪、鮭魚罐頭、廉價巧克力（六便士能買五根兩盎司 [045] 巧克力棒），電影、廣播、濃茶和足彩幫他們躲過了革命。因此，我們有時聽說這整個事情都是統治者搞出來的花樣──一種「麵包和馬戲」[046] 的把戲──用以穩住失業者。但我不相信我們的統治者有這等的聰明智慧。而事實上確實產生效果，但是一個不自覺的過程──是生產商對市場的需求和餓得半死的人民對廉價鎮痛劑的需求之間相互作用的必然結果。

貧困中的抗爭

我上小學的時候，有一位講師一學期來一回，對布倫海姆、奧斯特利茨等過去的著名戰役做一番精采的演講，他喜歡引用拿破崙的名言──肚子不飽，軍隊不走 [047]。在演講的最後，他會突然轉向我們，喝問：「世界上最重要的東西是什麼？」我們則要吼道：「糧食！」要是我們不這麼做，他就大失所望。

顯然，某種意義上他是對的。一個人就是個裝糧食的口

---

[045]　1 盎司等於 28.3495 克。
[046]　語出古羅馬詩人尤維納利斯《諷刺 6》，意指統治者不實際解決問題，而利用食物和娛樂轉移民眾注意力的平息民憤的膚淺方式。
[047]　拿破崙的格言：An army marches on its stomach。相當於中文所說的「三軍未動，糧草先行」。

袋。其他的機能和本事或許更加神奇，但都排在吃這件事情之後。人死入土，他所有的言行都被人遺忘，但他吃過的糧食會長存在他子孫後代或強健或羸弱的筋骨裡。我認為，如果說飲食的變化比王朝的更替乃至宗教的變遷更加重要是有道理的。例如，如果沒有被發明罐頭食品，第一次世界大戰就絕不會發生。要不是中世紀末引進了塊根作物和其他各類蔬菜，不久以後又引進了非酒精飲料（茶、咖啡、可可），以及愛喝啤酒的英國人所不習慣的蒸餾酒[048]，英國過去四百年的歷史就會全然不同。然而，人們卻甚少了解到糧食無比的重要性，真是奇怪！政治家、詩人、主教的雕像隨處可見，卻沒有一座廚師、燻肉師、菜農的雕像。據說查理五世皇帝曾為醃燻鯡魚的發明者立了一座雕像，而這似乎是我此刻唯一能想到的例子。

所以，關於失業者真正重要的東西，我們著眼未來時真正基本的東西，或許正是食物。如前文所述，普通的失業家庭靠每週約三十先令的收入過活，其中至少四分之一要交房租。剩下的錢怎麼花，值得細細考量一下。我這裡有一位失業礦工和他的妻子列出的一份預算。我請他們列一份清單，盡量準確地代表他們典型的一週開銷。此人每週的補貼為三十二先令，除了妻子還有兩個孩子，一個兩歲零五個月，另一個十個月大。清單如下：

---

[048] 威士忌、白蘭地等以蒸餾方式製得的烈酒。

✧ Part One　工業化的反思：我們可以改變的未來

	先令	便士
房租	9	½
服裝店	3	0
煤	2	0
煤氣	1	3
牛奶	0	10½
工會會費	0	3
保險（孩子身上）	0	2
肉	2	6
麵粉（兩英擔[049]）	3	4
酵母	0	4
馬鈴薯	1	0
奶油	0	10
人造奶油	0	10
燻肉	1	2
糖	1	9
茶	1	0
果醬	0	7½
豌豆和高麗菜	0	6
胡蘿蔔和洋蔥	0	4
燕麥片	0	4½

[049]　1 英擔等於 6.3502 公斤或 14 磅。

	先令	便士
肥皂、洗衣粉、藍色染料等	0	10
	—	—
總計　　　1 英鎊	12	0
	—	—

此外，嬰兒福利所每週提供嬰兒三包奶粉。這裡要做一些說明。首先，這份清單上漏了很多內容——例如黑色鞋油、胡椒、鹽、醋、火柴、引火柴、刮鬍刀、器皿破損更換、家具和床單的破損。這些額外的開支意味著要削減其他的預算。一項更嚴重的開銷是菸草。這個男人也許抽得不多，但每週也要花至少一先令買菸，意味著要削減食物的費用。失業者每週要花那麼多錢的「服裝店」，是各工業城鎮中的大服裝商經營的。沒有了它們，失業者根本買不到新衣服。我不知道他們是不是也從這些店裡買床單。據我所知，這家人幾乎沒有床單。

在上面的清單中，如果撥出一先令買菸，去掉這項和其他非食品項目，還剩下十六先令五便士。就算十六先令吧，不算嬰兒——因為嬰兒每週能從福利所領到奶粉——這十六先令要為三個人——其中包括兩個成人——提供所有的營養，包括燃料。第一個問題就是，這三個人有沒有可能靠著一週十六先令的預算來獲得足夠的營養。有關收入調查的爭議如火如荼時，有過一場難堪的公開爭論，爭論維持一個人的生命一週最

✧ Part One 　工業化的反思：我們可以改變的未來

低的花費。我沒記錯的話，有一派營養學家算出來是五先令九便士，而另一派要大方些，說是五先令九便士半。此後，有不少人寫信給報社，聲稱自己每週只花四先令吃飯。下面我從幾份每週預算中選取一份（在《新政治家》和《世界新聞》上都有登載）：

	先令	便士
3 個全麥麵包	1	0
½ 磅人造奶油	0	2½
½ 磅奶油	0	3
1 磅起司	0	7
1 磅洋蔥	0	1½
1 磅胡蘿蔔	0	1½
1 磅碎餅乾	0	4
2 磅大棗	0	6
1 罐煉乳	0	5
10 個柳丁	0	5
	—	—
總計	3	11½
	—	—

請注意，這份清單上沒有包括燃料。實際上，作者明確表明，自己買不起燃料，所有食物都吃生的。不論這資料是真是

貧困中的抗爭

假，現在都不重要。我想，必須承認的是，這份清單代表了可以想到的最為明智的開銷。如果你必須靠三先令十一便士半過活，那你很難獲得更多的營養價值了。所以，如果你集中在基本食物上，或許足以靠公共援助養活自己，若非如此，就難了。

現在把這份清單和我之前提出的那份失業礦工的預算比照一下。礦工一家每週只花十便士買綠色蔬菜，十便士半買牛奶（記住，其中一人是個不到三歲的孩子），不買水果，他們花了一先令九便士買糖（就是大約八磅糖），一先令買茶。買肉花的半克朗也許是做燉菜用的一小塊關節等食材，很可能常常是四、五罐牛肉罐頭。因此，他們的基本飲食就是白麵包配人造奶油、鹹牛肉、糖茶和馬鈴薯——可怕的食譜。難道他們多花點錢吃點健康的東西，比如柳丁和全麥麵包不好嗎？或者像那個寫信給《新政治家》的作者那樣，省下燃料，生吃胡蘿蔔？是的，這樣更好，但問題是一般人不會做那種事。普通人寧願餓死也不願只靠全麥麵包[050]和生胡蘿蔔過活。而且問題在於，你越是沒錢，越不可能把錢花在健康食品上。一個百萬富翁或許會享受橙汁和瑞維塔餅乾[051]當早餐，失業者可不會。這就是我上一章結尾所說的那種傾向作祟。當你失業了，也就是

---

[050] 對應上文的白麵包（精粉麵包），全麥麵包含有麥和雜糧，較粗糙，顏色深。
[051] 一種粗糧餅乾。

◆ Part One　工業化的反思：我們可以改變的未來

　　當你吃不飽、疲憊厭煩、慘兮兮的時候，你不會想吃乏味的健康食物，你想要點「美味」的東西。總有些廉價可口的東西誘惑你。讓我們來三便士的薯條吧！幫我們買兩便士的冰淇淋！擺上茶壺，我們要喝杯好茶！在公共援助的生活水準上，你的心態就是這樣。白麵包配人造奶油和含糖的茶沒有任何營養，但它們比全麥麵包配奶油和涼水好，至少大多數人是這麼認為的。失業是一種永無止境的慘痛，需要時時寬解，尤其用茶來寬解，茶就是英國人的鴉片。一杯茶，甚至一片阿斯匹靈，都是比一片硬硬的全麥麵包強得多的短期興奮劑。

　　所有這一切的結果就是明顯的體質變差，你可以用眼睛直接研究，或者看一看人口統計資料，推想一下。工業城鎮的平均身體狀況低得可怕，甚至比倫敦還要差。在雪菲爾，你會覺得像是走在一群類人猿之中。礦工們都是健碩的男人，但他們通常矮小，持續的工作使他們的肌肉結實，但並不意味著他們的孩子從小就有良好的體格。人人的牙齒很差是營養不足最明顯的表現。在蘭開夏郡，你很難找到一個長著一口自然好牙的工人階級。實際上，除了孩子，你很難發現有誰長著自然的牙齒，就連孩子的牙齒上也有一層淡淡的藍色痕跡，我想這是缺鈣的結果。幾位牙醫告訴過我，在工業區，三十歲以上的人要是能剩一顆自己的牙，就是異類。在維根，不少人告訴我，他們的觀點是越早擺脫牙齒越好。一個女人對我說「牙齒就是受

罪」。我待過的一戶人家裡，除了我自己，還有五個人，最大的四十三歲，最小的是個十五歲的男孩。這些人中，這個男孩是唯一一個還保有一顆自己的牙的人，而且他這顆牙齒眼看也命不久矣。至於人口統計，在任何大型工業城鎮，最窮困區域的死亡率和嬰兒死亡率幾乎是富裕居民區的兩倍左右——有些地方還高於兩倍——這個事實幾乎無須多做評論。

當然，不應該把體質差的普遍現象全然歸咎於失業，因為很有可能在過去很長時間裡，全英國人的平均體質都在下降，而不僅僅是工業區的失業者如此。這一點在資料上無法證明，但如果你用自己的眼睛觀察，就可以發現這個結論，即使在窮鄉僻壤或在倫敦這樣的繁華城市都是如此。有一天，當國王喬治五世的靈柩穿過倫敦前往西敏寺時，我正巧被堵在了特拉法加廣場的人群中，耽擱了一兩個小時。那個時候，誰要是看看左右的人，就不可能不為現代英國人的體質下降吃驚。我周圍的大部分人並非工人階級，他們是商店店員、旅行業務員一類的人，還有一絲財氣。但他們看起來都是什麼樣的體格啊！細瘦的四肢、病態的臉龐，映襯著倫敦哭泣的天空！幾乎沒有一個體格健壯的男人或模樣好看的女人，哪裡都見不著一張鮮活的面孔。當國王的靈柩經過時，人們脫帽致哀，一位朋友當時在斯特蘭德大街[052]另一側的人群中，後來對我說：「無論哪裡，

---

[052]　The Strand，特拉法加廣場附近的一條街道。

✦ Part One　工業化的反思：我們可以改變的未來

唯一的景色就是光禿禿的腦袋。」就連靈柩旁邊的衛兵在我看來也不同於以往了。二、三十年前的那些胸膛如巨桶、鬍鬚如鷹翅、從我稚氣的目光中大步走過的那些孔武壯漢哪裡去了？被埋葬了吧，我想，埋在了弗蘭德斯的泥巴裡。取而代之的，是這些臉色蒼白的小子，他們因為個子高而被選中，於是套著外套像根竹竿一樣──事實是，在現代英國，身高超過一八〇公分的男人常常都是皮包骨。如果英國人的體格變差了，毫無疑問，部分原因在於第一次世界大戰挑走了英國最優秀的百萬男子，他們遭到殘殺，而他們大部分還沒有子嗣。但這個過程一定在那之前就開始了，關鍵的原因一定還是在於不健康的生活方式，也就是工業制度。我不是指城市的生活習慣──城市在很多方面大概比鄉村還健康些──而是指現代的工業技術為一切事物提供了廉價替代品。我們可能會發現，長此以往，罐頭食品是比機關槍還要致命的武器。

　　英國的工人階級，對食物特別無知且浪費，這真是不幸。我已經在別處指出過，和英國人比起來，法國的挖土工人對飲食的看法非常文明，而且我相信，你不會在任何法國家庭中，看見英國家庭習以為常的浪費。當然，在最最貧窮的家庭裡，當全家人都失業的時候，你見不到多少真正的浪費，但那些浪費得起的家庭就常常這麼做。對此，我可以找出不少驚人的例子。就連北方人自己烘烤麵包這個習慣都會造成輕微的浪費，

貧困中的抗爭

因為一個女人一週烘烤一次麵包,最多兩次。事先無法知道要消耗多少材料,烘烤完後一般都要浪費掉一定數量的麵包。一般情況下,是一次烘烤六條大的,十二條小的。這全是傳統英國人大方的生活態度所致,本是可愛的特質,但眼下卻飽含了災難性。

據我所知,英國各地的工人階級都不愛吃全麥麵包,要在一個工人階級地區買到全麥麵包,根本是不可能。有時他們說黑麵包「髒」。我認為是以往將全麥麵包和黑麵包混為一談,而傳統認知上將後者與羅馬天主教和木鞋連繫在一起。(蘭開夏郡有不少羅馬天主教徒和木鞋。他們沒有黑麵包真是遺憾!)但是英國人的味蕾,尤其是工人階級的味蕾,現在幾乎都自動拒絕優質食物。一定有越來越多的人,喜愛罐頭豌豆和罐頭魚勝過真正的豌豆和真正的魚,很多買得起真正的牛奶來拌茶的人,也寧願用罐裝牛奶 —— 即使罐裝牛奶是用糖、玉米麵做的,罐子上寫著大大的「不適用於嬰兒」的字樣。現在,某些地區已經在努力傳授給失業者更多營養價值方面的知識,宣傳聰明消費。聽見這樣的事情,你會覺得左右為難。我聽見演說者在講臺上對此義憤填膺。他說,在倫敦,有些上流社會的女士現在居然會走到東區[053]的家庭裡為失業者的妻子講授如何購物。他以此為例,說明英國統治者的思維。首先你讓一個家庭

---

[053] 倫敦東區為貧民聚居區。

Part One　工業化的反思：我們可以改變的未來

要靠每週三十先令生活，然後還無恥之極地告訴他們該怎麼花這筆錢。他說得很對，我衷心地贊同。不過，僅僅因為失去了傳統，人們就要把罐裝牛奶這種垃圾喝下去，甚至不知道鮮奶比較好，這同樣令人扼腕。

但是，我懷疑，就算失業者學會儉省花錢，又能得到什麼好處呢？但正是由於他們不節儉，才使得他們的補貼居高不下。一個領公共援助的英國人每週能拿到十五先令，是因為十五先令是他維生的最低金額。假設他是印度或日本的勞工，可以靠稻米和洋蔥過活，他就拿不到一週十五先令了，這樣算來一個月能拿到十五先令就算走運了。我們的失業補助儘管可憐，也是為生活要求很高又不知節儉的人民設定的。如果失業者能學會如何理財，就會明顯地寬裕起來，我想過不了多久，救濟金就該相對減少了。

燃料便宜這件事大大緩和了北方的失業問題。在任何工業區，煤的零售價都是一英擔一先令六便士，而在英格蘭南部，則要半克朗。而且，有工作的礦工可以直接在礦上以一噸八、九先令的價格買煤，那些家裡有地窖的，有時可以存上一噸，賣給那些沒工作的（我猜這種行為是違法的）。儘管如此，失業者還在進行廣泛的、有組織的偷煤活動。我稱之為偷，是因為嚴格來說確實是偷，從礦井裡運上來的「煤渣」中，有一定量的碎煤，失業者花大量時間在渣堆裡揀選煤塊。從早到晚，你

貧困中的抗爭

都可以看到有人在那些奇怪的灰色大山上來回走動，拖著麻袋和籃子穿過硫黃煙霧（因為很多渣堆內部都在燃燒），從這裡那裡翻出埋藏著的寶貴的小小煤塊。你看見人們騎著怪異的自製腳踏車離開——用從垃圾場裡撿來的生鏽零件拼湊而成的腳踏車，沒有坐墊，沒有鏈條，也幾乎沒有輪胎——車上掛著大袋子，裡面裝著約有半英擔煤，是半日尋寶的成果。在罷工時期，人人都缺少燃料，礦工們就扛著鐵鍬鋤頭傾巢而出，在煤渣堆裡挖掘，於是出現了煤渣堆那種高低不平的樣子。長期罷工期間，在有煤露出地表的地方，他們敲打淺層礦，往地下挖進去幾十碼深。

在維根，失業工人經常爭奪廢煤，導致了一種奇特的習俗，稱為「搶煤」，十分值得一看。但從來沒人把這拍下來。一天下午，一位失業礦工帶我去看。我們到了一片古老的煤渣堆小山，一條鐵軌從下面的山谷中穿過。幾百個衣衫襤褸的男人，每個人衣服下襬處都綁著一個麻袋和一把敲煤錘，都在「山上」等著。煤渣從礦井裡升上來，裝到車廂上，發動引擎，把它們運到四分之一英哩外的另一個煤渣堆頂部。「搶煤」的過程就是在火車運行時爬上去，只要你爬上任何一輛運行的車廂，那就算是「你的」車廂了。這時火車駛入視野。隨著一聲狂野的呼喝，百來人衝下山坡，追上正在轉彎的火車。即使在彎道上，火車的速度也有每小時二十英哩。十個人撲了上去，

◆ Part One 　工業化的反思：我們可以改變的未來

　　抓住車廂尾部的拉環，踏上保險桿，飛身而上，每個車廂上都有五到十個人。司機毫不在意，開上煤渣堆頂部，鬆開車廂，然後把車頭開回礦井，不久拖著一列新的車廂回來，衣衫襤褸的人們又和先前一樣一陣猛衝。最後，也有大約五十個人兩趟車都沒趕上。

　　我們走到煤渣堆頂上。男人們正把煤渣從車廂裡往外鏟，他們的妻兒跪在下面，用雙手在潮溼的煤渣中快速翻找，撿起雞蛋大小甚至更小的煤塊。你看見一個婦人撲向一塊小小的東西，在圍裙上擦擦，確認一番是煤，然後小心翼翼地放進麻袋裡。當然了，你扒車的時候，事先並不知道車廂裡有什麼，有可能是修路用的那種「渣滓」，也可能只是打巷頂時挖的頁岩。如果是一車頁岩，那裡面就沒有煤，但頁岩裡可能出現另一種可燃的岩石，稱為燭煤，看起來很像普通的頁岩，顏色稍深，有間隔的平行紋路，就像板岩。這也勉強能當燃料，雖沒有商業價值，但失業者們已熱切地尋找。頁岩車廂上的礦工在揀選燭煤，並用榔頭敲碎。那些兩趟車都沒上去的人只好在「山下」撿從上面滾落下來的小碎煤 —— 這些都是如一顆榛果大的小碎塊，但這些人能找到這個也很高興了。

　　我們一直在那裡等到煤車空了。不過才幾個小時，人們就已經把每一顆煤渣都揀了一遍。他們把麻袋甩上肩頭或者腳踏車，走兩英哩的路回維根。大多數家庭都收集到了大約半英擔

貧困中的抗爭

煤或者燭煤，所以一共偷了應有五到十噸燃料。在維根，每天都上演搶劫煤渣車的事情，至少冬天如此，也不止一家煤礦如此。這當然是極度危險的。我在的那個下午，沒有人受傷，但幾個星期前有人雙腿受傷，一個星期前另一個人手指也受傷截肢。嚴格來說這是偷竊，但是，人人都知道，要是不拿，這些煤也是白白浪費。為了做做樣子，煤礦公司不時會提告某人偷煤，就在那天早上，當地的報紙上還有一段，說兩個人被罰了十先令。但沒人注意起訴的事情──實際上，報上提到的兩人中的一個那天下午也在那裡──而且偷煤的眾人會湊錢交罰款。人們對此事習以為常。失業者總得想辦法弄點燃料。於是，每個下午都會有幾百個男人冒著生命危險、幾百個女人在泥巴堆裡摸索幾個小時，全都是為了價值九便士的半英擔劣質燃料。

這個場景在我腦海裡揮之不去，成了我對蘭開夏的一個印象：矮矮胖胖、裹著圍巾的女人，圍著麻布圍裙，穿著沉重的黑色木屐，跪在煤灰泥巴裡，頂著狂風，熱切地搜尋小小的煤塊。她們在冬天迫切需要燃料，這簡直比食物還重要。同時，目之所及盡是煤渣堆和煤礦升降機的齒輪，沒有一家煤礦能賣掉所有產出的煤。這應該會引起道格拉斯上校[054]的注意。

---

[054]　指 Major Clifford Hugh Douglas（1879～1952），英國工程師，關注英國產業現狀，提出「社會信貸」主張，推行經濟民主。

✦ Part One　工業化的反思：我們可以改變的未來

▎英格蘭社會的裂痕與對立 ▎

眼睛習慣了東部和南部的風貌以後，在一路向北而行時，要過了伯明罕才會發現到不同。在科芬特里，你彷彿置身於芬斯伯里公園 [055]，伯明罕的牛環購物區與諾維奇 [056] 市場也很相似，中部的所有城鎮之間，都綿延著許多別墅，與南部文明別無二致。只有當你更往北走，到達陶瓷城鎮以北，才會開始發現工業文明真正醜陋之處 —— 醜陋得如此可怕而醒目，可以說，讓你不得不服。

用醜陋來形容煤渣堆算是客氣，因為它實在既無章法也無用處，就像打翻了巨人的垃圾桶，隨便在地上倒了一堆東西。礦鎮郊區的風景駭人，你的視野中全是參差不齊的灰色大山，腳下是泥巴和灰燼，頭頂是條條鋼纜，載著煤渣缸緩緩經過數英哩的村莊。渣堆常常起火，晚上你能看見紅色的火流左右蜿蜒，還有藍色的硫火緩緩移動，似乎早已奄奄一息，卻又總會死灰復燃。渣堆最後會塌落，當它塌下，會長出一種醜惡的棕色小草，表面仍然是起伏不平。維根的貧民窟裡有一處渣堆，看起來像波濤洶湧的海面突然被凍住了，被當地人稱為「羊毛墊」。即使幾個世紀之後，曾經的煤礦上已經用犁耙翻過，也

---

[055]　倫敦哈林蓋區的一個公園。
[056]　英格蘭東區諾福克郡的城市。

英格蘭社會的裂痕與對立

能從飛機上辨認出古老的礦渣堆的位置。

我記得在一個冬日的下午,在維根醜惡的環境中所見。四周全是煤渣堆堆成的月球表面。北邊,經過煤渣山之間的小路,能看見工廠的煙囪送出道道煙柱。水溝中混合著煤渣和凍泥,數不清的木屐痕跡縱橫交錯。四面八方,一直到遠方的渣堆,都一路綿延著「閃灘」── 古老的礦井下陷時滲入的一灘灘死水。天氣冷得可怕,「閃灘」上覆蓋著土棕色的冰塊;駁船船員們全身包緊緊,只露出眼睛;閘門上結著冰柱,像鬍子一樣。這像一個寸草不生的世界,除了煙霧、頁岩、冰塊、泥土、灰燼和汙水以外別無一物。但和雪菲爾相比,維根還好得多。我想,把雪菲爾稱為舊世界裡最醜陋的城鎮也算實至名歸:它的居民希望搶下這個最醜陋的第一名。它有五十萬人口,像樣的房子卻比五百人的東盎格利亞的普通村莊還要少。還有惡臭味!空氣中不是硫黃味,就是煤氣味。就連穿過市區的那條淺淺的河,不知混有什麼化學物質常常呈亮黃色。有一次我在大街上駐足,數了數目之所見的工廠煙囪,有三十三個,但如果沒有煙霧遮蔽,還遠遠超過這個數。有一個場景尤其讓我難以忘懷。一片可怕的荒地上(不知怎的,這裡的荒地之骯髒,就連倫敦也難以望其項背),光禿禿的草地,遍地散落著報紙和舊燉鍋。右邊有一排孤零零的、破落的房屋,暗紅色,被煙霧燻得漆黑。左邊是一排無窮無盡的工廠煙囪,一個

◆ Part One　工業化的反思：我們可以改變的未來

接著一個，隱沒在一片黝黑的霧霾中。我的身後是一道用高爐爐渣修成的鐵路路基。前方荒地那邊，是一棟紅黃相間的磚塊砌成的建築，掛著「湯瑪斯‧格洛科克，貨運承包商」的招牌。

　　晚上，當黑暗籠罩大地，雪菲爾這樣的城鎮就展現出一種怪異的美麗。含硫的煙霧泛著緋紅，鋸齒狀的火焰如同圓鋸，從鑄造廠的煙囪罩子下鑽出來。透過鑄造廠洞開的大門，你看見被照得紅紅的小夥子們拖著火蛇般的鋼鐵來來往往，你聽見汽錘嗖嗖作響、砰砰撞擊，聽見敲打鐵器的聲音。陶瓷鎮幾乎同樣醜陋，在一排排漆黑的小房子之間，一部分街道就算是「陶瓷工廠」──圓錐形的磚砌煙囪如同埋在土裡巨大的勃艮第酒瓶，差點就把煙霧噴到你臉上。你見到綿延幾百英呎、差不多這麼深的巨大黏土溝，鏽跡斑斑的小桶從一邊沿著鐵鏈往上爬，另一邊的工人們像採海蓬子[057]（亦稱海蘆筍）的人一樣緊貼著，用鋤頭切削著巖面。我是在下雪天經過那條路的，就連雪都是黑的。陶瓷鎮最好的一點就是它們相當小。不到十英哩之外，你就能站在未受汙染的鄉野中，站在幾乎裸露的小山上，而陶瓷鎮只是遠處的一個小黑點。

　　當你想到這般醜陋時，會想到兩個問題。第一，這是不可避免的嗎？第二，這重要嗎？

---

[057]　一種生長在海灘、鹽鹼灘塗沙地，有梗無葉的綠色植物，具有較高的營養價值。

英格蘭社會的裂痕與對立

　　我不認為工業化和醜陋一定畫上等號。一家工廠，甚至一家煤氣廠，不見得就該比一座宮殿、一座狗屋、一座教堂醜。這全都取決於當時的建築傳統。北方醜陋的工業城鎮，是因為它們建於一個尚未發明現代的鋼鐵建設和煙霧減排方法的時代，一個人人都忙著賺錢無暇他顧的時代。它們一直維持這樣的面貌，是因為北方人已經習慣了這種事，已經視若無睹了。雪菲爾和曼徹斯特的很多人就算聞到康沃爾峭壁[058]的空氣，八成也會說沒什麼特別味道。但戰後以來，工業化有了轉往南方的趨勢，在這個過程中一些事改變了。典型的戰後工廠並不是粗陋的營房或者一排可怕的、烏黑的、喘著粗氣的煙囪，而是一座由混凝土、玻璃和鋼鐵組成的熠熠發亮的白色建築，周圍環繞著綠色的草坪和鬱金香花園。當你沿著西部大鐵路離開倫敦時，看看你經過的那些工廠，它們或許稱不上美學建築，但絕對不像雪菲爾的煤氣廠那般醜陋。但不管如何，儘管醜陋是工業化最顯著的特點，也是每個人大聲抱怨的事情，我卻懷疑這是否重要。工業化本就如此，若要它偽裝成別的樣子，或許也不是什麼好事。正如阿道斯・赫胥黎（Aldous Leonard Huxley）先生的真知灼見 ── 一座黑暗的惡魔的工廠就該像一座黑暗的惡魔的工廠，而不是像神祕而輝煌的神廟。而且，即使在最糟糕的工業城鎮，也可以看到不少在狹義的美學意義上並

---

[058]　位於不列顛島南端，靠海的一個著名風景區。

◆ Part One　工業化的反思：我們可以改變的未來

非醜陋的事物。噴著濃煙的煙囪和臭氣熏天的貧民窟之所以可惡，主要是因為它暗示著扭曲的生活和多病的孩子。若純粹從美學的角度來看，它可能有某種恐怖的魅力。我發現，任何怪不可言的事物，雖然令我討厭，整體而言也終究讓我著迷。我在緬甸時，我驚訝於當地的風土，在我的腦海中縈繞不去，我因此非得寫本小說才能擺脫（所有關於東方的小說裡，景色其實都是主觀內容）。可能很容易像阿諾德・貝內特（Enoch Arnold Bennett）那樣，從工業城鎮的漆黑之中提煉出一種美，比如，很容易想像波特萊爾（Charles Pierre Baudelaire）為煤渣堆寫一首詩。但工業化不論是美是醜都沒關係。它真正的邪惡卻是無法消除的。一定要記住這一點，因為人們總是以為，只要整潔有序，工業化就無害了。

但是當你走進工業化的北方時，除了不熟悉的風景，你也會認為像是進入了一個陌生的國度。確實存在某些真正的差異，但更主要的是因為長時間以來，南北的對立已經在我們心裡根深蒂固。英格蘭存在一種奇怪的北方崇拜，身在南方的約克郡人總會刻意讓你知道，他擺出高姿態看人。如果你問他為什麼，他會解釋說，只有北方的生活才是「真正的」生活，只有北方做的工業類工作才是「真正的」工作，北方住的是「真正的」人，南方住的不過是些白吃白喝的傢伙，是他們的寄生蟲。北方人堅毅、冷峻、頑強、大膽、熱心、民主，南方人

勢利、柔弱、懶惰 —— 反正理論上如此。因此南方人到了北方，至少第一次去的時候，會有一種文明人冒險涉足野蠻之境的感覺，而約克郡人，會像蘇格蘭人一樣，到了倫敦則有種野蠻人出外打獵的感覺。而且這種感覺是傳統所致，並不受眼見的事實影響。就像一個身高一六二公分、胸圍七十三公分的英國人，也會覺得作為一個英國人，他在體格上就要勝過南歐的人，北方人和南方人之間也是如此。我記得一個矮小瘦弱的約克郡人告訴我，在南英格蘭，他覺得自己像是一個「野蠻的入侵者」。但常常是非出身於北方的人會出現這樣的崇拜。幾年前，我的一個生長在南方、現在住在北方的朋友開車帶我路過薩福克。我們經過一個非常美麗的村莊。他不以為然地看著那些農舍，說：「雖然，約克郡的村莊大多醜陋無比，但約克郡人是真正的漢子。在南方恰恰相反 —— 美麗的村莊，墮落的人民。那些農舍裡的人都一無是處，絕對的一無是處。」

我忍不住問他，是不是正好認識村子裡的哪個人。不，他不認識他們，但因為這裡是東盎格利亞，他們顯然一無是處。我的另一個朋友，也是生於南方的，從不放過任何機會歌頌北方，貶斥南方。這裡摘錄他寫給我的一封信的部分內容：

　　我在蘭開夏的克利瑟羅……我覺得沼澤和山野中的流水比在臃腫駑鈍的南方時迷人得多。莎士比亞說什麼「澄澈明淨的

✦ Part One 　工業化的反思：我們可以改變的未來

特倫特河」[059]，要我說，他是自以為是的南方佬。

這是一個有關北方崇拜有趣的例子。不僅你我以及所有南英格蘭的人全成了「臃腫駑鈍」，就連河水的緯度往北一點，也不再是 H_2O，而會莫名其妙地高級起來。但此文有趣之處在於，其作者是個極明事理的人，有著「先進」的觀念，對普通形式的民族主義從來不屑一顧。要是跟他說「一個英國人抵得上三個外國人」這種主張，會被他批得體無完膚。但談到南北方問題，他也和一般人一樣。所有的民族主義 ── 因為長相不同，方言不同，就覺得誰比較強的論斷 ── 都是徹底的無稽之談。但只要人們相信，它就有了意義。毫無疑問，英格蘭人天生相信，凡是生活在他南邊的人，都不如他，就連外交政策也多少受到影響。因此，它是何時以及因為什麼原因形成的，我認為很值得研究。

民族主義最初的形成，是因為英格蘭人看看地圖，發現他們的島嶼位於北半球，就逐漸發展出以下的理論：你住得越偏北，你的水準就越高。我小時候上過的歷史課，一開始就用最天真的方式解釋，寒冷的氣候使人活力充沛，炎熱則使人懶散，因此我們打敗了西班牙的無敵艦隊。這番吹捧英國人精力過人的謊言已經流傳了至少一百年。有一位《季度評論》的作

---

[059] 語出莎士比亞《亨利四世》，"And here the smug and silver Trent shall run/In a new channel, fair and evenly"。特倫特河是英格蘭的主要河流之一，流經英格蘭中部地區。

英格蘭社會的裂痕與對立

者在西元 1827 年寫道：「我們為了國家的福祉忍受勞累，要好過在橄欖油、葡萄酒和罪惡中奢靡度日。」「橄欖油、葡萄酒和罪惡」概括了英格蘭對於拉丁種族的整體態度。在卡萊爾（Thomas Carlyle）、克瑞希（John Creasey）等人的傳奇故事中，北方人（「條頓人」，後來稱為「北歐人」）被描繪成健壯有力的漢子，有著金色的鬍鬚和純潔的品德，南方人則狡詐懦弱又放蕩。如果把這套理論的邏輯推衍到極致，那麼愛斯基摩人就是世界上最優秀的人，但它確實認為生活在我們北方的人比我們優秀。因此，近五十年間，對蘇格蘭和蘇格蘭事物的崇拜也在英格蘭人的生活中留下了深刻的印記。但是，北方的工業化在南北之爭中加入了特別的因素。直至最近，英格蘭北部仍屬落後的封建地區，僅有的一點工業都集中在倫敦和東南部。例如內戰，可說是一場金錢和封建制度的戰爭，北部和西部支持國王，南部和東部效忠議會。但隨著煤的用量日增，工業向北方遷移，便出現一批白手起家的北方商人——狄更斯（Charles Dickens）筆下的朗斯維爾先生和龐得貝先生[060]。北方商人以他可惡的「要麼成功要麼滾」的處世哲學，成了 19 世紀的主導形象，至今仍然專橫地統治著我們。這是深受阿諾德·貝內特（Enoch Arnold Bennett）影響的一類人——從半克朗起家，賺到五萬英鎊，最大的驕傲就是賺更多的錢，當更大的土豪的那

---

[060] 分別是狄更斯小說《荒涼山莊》和《艱難時世》中的人物，都是白手起家的成功商人。

✦ Part One　工業化的反思：我們可以改變的未來

類人。分析起來，他唯一的優點就是賺錢的才能。我們必須敬佩他，儘管他可能心胸狹隘、卑鄙無恥、貪婪粗野，他還是「堅毅」，他還是「成功」，換句話說，他知道怎麼賺錢。

這種話如今已是過時論調，即使北方商人們已經不再富有。但事實確實存在，北方人保留了「堅毅」的傳統。人們仍然覺得北方人會「成功」，也就是賺錢，而南方人會失敗。內心深處，每個來倫敦的約克郡人和蘇格蘭人都有一種迪克·威靈頓式[061]的想像，以為自己是個靠賣報紙起家，後來變成市長大人的小伙子。但是，這種感覺不會在工人階級身上出現。幾年前，我第一次來約克郡時，我以為我會見到一群自大狂。我習慣了倫敦的約克郡人，習慣了他們的高談闊論和對自以為豪邁的方言的驕傲（在西瑞丁[062]我們見了很多）。我以為我會遭遇很多粗魯的對待，但我完全沒有碰到這種事，尤其在礦工中更為少見。實際上，蘭開夏郡和約克郡的礦工都十分友善、客氣，如果有哪種人讓我覺得自愧不如，那就是煤礦工人。完全沒有任何人因為我來自不同的地方就露出鄙夷的神情。英格蘭各地域之間的歧視其實十分明顯，這就有了重要意義，因為這說明，地域歧視並非工人階級的品性。不過南北之間確實有區別，由於氣候的因素，領固定薪水的人喜歡定居南方。在蘭

---

[061]　以迪克·威靈頓為原型的一個英國民間傳說中的人物，是一位白手起家而富甲一方、四任倫敦市長大人的商人。

[062]　約克郡的一個舊區。

英格蘭社會的裂痕與對立

開夏郡的棉紡城鎮，你很可能一連幾個月也聽不到一次「有水準」的口音，然而在南英格蘭的城鎮，你隨便扔塊磚頭，都可能會砸到某位主教的親戚。因此，工人階級的小資化儘管在北方也會產生，但產生的速度極為緩慢。例如，所有的北方口音都頑固堅持，而南方口音則在電影和 BBC 影響之下改變了。因此，所謂「有水準」的口音與其說代表著小貴族的身分，倒不如說像個外國人，這是一項大大的優勢，因為這讓你與工人階級交往起來容易多了。

但要和工人階級達到真正的親密，有可能嗎？這一點我稍後再談，我認為不可能。但毫無疑問，要和工人階級平等相待，在北方要比在南方容易。在北方很容易就能住到礦工的家裡，被接納為家庭的一分子；但在南方農村的農夫家裡，很可能做不到。我見過夠多的工人階級，不會把他們理想化，但我確實知道你可以在工人階級家庭中學到很多，只要你進得去。關鍵點是，其他人不一定更好，但絕對與你不同，在與他們接觸時，那些中產階級的想像和偏見會受到檢驗。

就以接待家庭的不同態度為例。工人階級家庭和中產階級家庭差不多，但待在工人階級家庭，壓力沒有那麼大。家庭聲望的包袱不會像千鈞巨石一樣掛在工人的脖子上。之前我已經指出過，一個中產階級人士最終會因貧窮而崩潰，但通常來說這可能要歸咎於他家人的行為 —— 歸咎於他有幾十個親戚日

✧ Part One　工業化的反思：我們可以改變的未來

以繼夜地嘮叨他、煩他，責怪他不能「成功」。工人階級知道如何團結，而中產階級不知道，很可能是因為他們對家庭的觀念不同。

　　中產階級的工作者無法組成有力的工會，因為在罷工時期，幾乎每個中產階級的妻子都會煽動丈夫叛變，奪取同行的工作。工人階級的另一個特點就是對人一視同仁且坦率直言。如果你想給一個工人某樣東西，而他不想要，他會坦白告訴你他不想要，但一個中產階級人士則會接受，免得冒犯別人。再拿工人階級對「教育」的態度而言，工人階級尊重、崇拜有學識的人，但當「教育」觸及他們的生活時，他們常以一種直覺的本能，一眼看穿並予以拒絕。曾經，我想像著十四歲的年輕人被迫輟學而做起無望的工作，常常唏噓不已。在我認為，「工作」的壓力竟要壓在十四歲的孩子身上，真是可怕。當然，我現在知道了，工人階級的年輕人，一千個裡面有九百九十九個以上渴望趕快離開學校。他想做真正的工作，而不是在課本上浪費時間。對工人階級而言，要在學校裡一直讀書到成年，只是令人鄙視又無男子氣概的表現。想想看，一個十八歲的大男孩，本該每週帶回一英鎊孝敬父母，卻穿著可笑的制服上學，甚至還可能沒做功課被打！一個是男人，另一個卻還是個嬰兒。塞繆爾・巴特勒（Samuel Butler）《眾生之路》（*The Way of All Flesh*）裡的歐內斯特・龐蒂菲克斯在領略了真正的生活之

後，回想自己在公學和大學裡所受的教育，發現竟是一種「病態而令人頹喪的墮落」。從工人階級的角度來看，中產階級的生活看起來都是病態而令人頹喪的。

在工人階級的家中——我這裡說的不是失業者家裡，而是相對富裕的家庭——你會呼吸到一種溫暖、健康、極具人情的空氣，其他地方是不容易見到的。我要說，一個體力勞動者，如果有穩定的工作，有不錯的薪水，他可能會比一個「有水準」的人更快樂。他的家庭生活會自然地形成一種健康、舒適的形態。我常常驚訝於工人階級家中特別的輕鬆圓滿，那可以說是完美的狀態。尤其是冬天的晚上喝過茶之後，火焰在壁爐裡閃爍舞動，映照在牆上，父親穿著襯衣，坐在爐火一側的搖椅裡看著賽馬的結果，母親坐在另一側做著縫紉，孩子們高興地吃著薄荷糖，寵物狗在布墊子上懶洋洋地烤著火——這真是個好地方，你不僅能進入其中，而且能融入其中，自然而然成為其中的一分子。

這幅場景仍然在大部分英國家庭中上演，儘管不如戰前那麼多了。幸福與否主要取決於一個關鍵——父親有沒有工作。但請注意，我剛剛描繪的這幅場景，一個工人家庭吃過飯、喝過茶，圍坐在爐火旁，這僅僅屬於我們這個時代，而無法屬於未來或者過去。跳到兩百年後，這場景就全然不同了。以上的這些東西可能全都不見了。在未來的時代，體力勞動

◆ Part One　工業化的反思：我們可以改變的未來

者沒有了，人人都「有水準」，父親幾乎不會是一個長著一雙大手、粗獷的男人，喜歡穿著襯衫而坐，說：「啊，我們去逛街[063]。」隔柵裡不出現煤火，取而代之的是電暖器。家具是用橡膠、玻璃、鋼鐵做的。如果還有晚報這種東西，上面可能沒有賽馬新聞了，因為在一個沒有貧窮的世界裡，賭博不具意義，馬也會從地球上消失。狗也會因為衛生的因素而減少。如果實施節育政策，也可能沒有那麼多孩子了。但退回到中世紀，你也會進入幾乎完全陌生的世界。一個沒有窗戶的小屋，一堆直燻你臉的柴火──因為沒有煙囪──發霉的麵包、醃鱈魚乾、蝨子、壞血病，每年生一個孩子，每年死一個孩子，還有用地獄的故事嚇唬你的牧師。

　　奇怪的是，並非現代工藝的發達，也非廣播、電影，更不是每年出版的五千本小說，也不是阿斯科特賽馬會和伊頓哈囉比賽時的人群，而是對工人階級室內場景的記憶──尤其在我童年時，英格蘭仍然繁華富庶的時候，有時見到的場景──提醒著我，我們這個時代生活起來，整體上也不算壞。

---

[063]　原文為"Ah wur coomin' oop street"，具有典型的北方口音。

Part Two
當人們渴望工作時，
才是真正的解放

✧ Part Two　當人們渴望工作時，才是真正的解放

▍無產階級的聲音 ▍

從曼德勒[064]到維根路途遙遠，為什麼要走這條路，一下子說不清。

在本書前面的章節中，我零碎地記述了我在蘭開夏郡和約克郡的煤礦區的所見所聞。我去那裡，部分原因是我想看看最嚴重的大規模失業是什麼樣子，部分是為了近距離觀察最典型的英國工人階級地區。這是我走向社會主義必須的一步，因為在確定自己是否真正支持社會主義之前，必須確定目前的情況究竟還能不能忍受，必須對階級這一極度困難的問題採取一個明確的態度。

在這裡我要談點題外話，解釋一下我如何形成自己對階級問題的態度。這顯然需要一些自傳性的內容。因為我覺得我自己的階級，足夠典型，具有一定的代表意義。

我出生的階級，可以稱為上層偏下中產階級。上層中產階級的全盛時期在 1880、1890 年代，吉卜林[065]（Joseph Rudyard Kipling）是它的桂冠詩人。當維多利亞時代的繁榮消退後，就成了遺留下來的一堆殘跡。或許不該形容成堆，而是一層──年收入在三百英鎊到兩千英鎊之間的一層社會。我自

---

[064]　緬甸的一座城市。
[065]　吉卜林（1865～1936），英國作家，1907 年諾貝爾文學獎得主。

己的家庭就離這個最低水準不遠。你注意到了，我是用金錢來定義它的，因為這個標準能很快讓你明白。然而，英國階級制度的關鍵在於，它並非完全能用金錢來解釋。粗略說來，它既是一個金錢等級，但也滲透著一種陰魂不散的種姓制度，很像一棟偷工減料的現代房屋，飽受中世紀幽靈的糾纏。因此，上層中產階級的收入可能低至一年三百英鎊——這個收入，比僅僅是中產階級而無社會名望的人還要低得多。可能在某些國家，你可以從一個人的收入揣測他的觀念，但是這不適用於英國，你一定還要納入考量他的地位。一位海軍軍官和食品供應商收入很可能相同，但他們不可相提並論，只有在某些問題上，比如戰爭和大罷工，他們才會持相同立場——甚至可能連這時候也不會。

當然，上層中產階級現在顯然已經沒落：在南英格蘭的所有鄉鎮，那些見證過上層中產階級輝煌時期的人，正要懷著對這個不講規矩的世界的怨恨而死去。每翻開一本吉卜林的書或走進一家上層中產階級曾經最愛、經常光顧的商店，我無不想到「滄海桑田，滿目瘡痍」[066]。但在戰前，上層中產階級儘管已經不再富庶，卻仍然頗具自信。在戰前，如果你是紳士，不管收入多少，都要努力表現得像個紳士。年收入四百英鎊的人

---

[066] 原文為 "Change and decay in all around I see"，是著名歌曲 "Abide with me"（〈求主同住〉）中的一句歌詞。

✧ Part Two 當人們渴望工作時,才是真正的解放

和兩千英鎊甚至一千英鎊的人之間,有著不可踰越的鴻溝,但這是年收入四百英鎊的人們竭力忽視的一道鴻溝。上層中產階級的顯著代表大概是:基本上他們絕不從事商業,而主要從事軍事、政府機關或專業性工作。

這個階級的人並不擁有土地,但他們覺得在上帝眼中,他們就是土地的所有者,於是透過進入專業領域和軍事部門工作,來維持半貴族的表象。以前,男孩們會數盤子裡的李子核,高喊著「陸軍、海軍、教堂、醫藥、法律」來預測命運,但就算「醫藥」也要比其他幾個略低一等,只是為了對稱才放進去的。一年四百英鎊的薪資水準,卻還屬於這個階層令人感到奇怪,因為這意味著你的紳士風度是純理論的。可以說,你同時生活在兩個層面。理論上你對僕從無所不知,也明白如何付他們小費,儘管實際上你只有一個、最多兩個家僕。理論上你知道要怎麼穿衣、點餐,但實際上你從來請不起像樣的裁縫,進不起像樣的餐廳。理論上你知道如何騎射,而實際上你沒馬可騎,也沒有一英寸土地可供射擊。正是這一點解釋了印度(近來是肯亞、奈及利亞等)對於上層偏下中產階級的吸引力。去那裡當兵當官的,並不是去賺錢的,他們去那裡是因為印度有便宜的馬匹、自由的射擊和成群的黑僕,扮起紳士來多麼容易。

我所說的這種寒酸的紳士家庭,比任何貧窮線以上的工人

階級家庭都更清楚意識到貧窮。房租、衣服、學費是無盡的噩夢,每一樣奢侈品,甚至一杯啤酒,都是揮霍。幾乎全部的家庭收入都用來充門面。很明顯,這種人處在一個反常的狀態,人們忍不住想把他們當作例外、無足輕重、視若無睹。但實際上,如大部分的神職人員和老師,幾乎所有的英國駐外官員,一些士兵和水手,不少專業人士和藝術家,都屬此類。但這個階層真正意義在於,他們是資產階級的減震器。對於真正的資產階級,那些年收入兩千英鎊以上的階層,他們的錢就是一層厚厚的軟墊,將他們與他們所剝削的階層隔開。他們想到下等人時,想的就是僱員、僕人和商人。但對於那些,靠實際上相當於工人階級的收入,努力過著上流社會生活的窮鬼來說,就不一樣了。最低等的那些上層階級與工人階級進行密切的、某種意義上也是親密的接觸。而我懷疑,傳統的上等人對「平民」的態度就是從他們這裡衍生出來的。

這是什麼樣的態度呢?這態度就是高人一等和不時爆發出的惡毒仇恨。看看過去三十年間的任何一本《笨拙》[067]就知道。你會發現,它處處都理所當然地以為,工人階級本身就是個可笑的形象,只有少數時候,當他表現出過於興旺的跡象時,就不再是一個可笑的形象,而成了魔鬼。浪費口水來批評這種態度沒有意義,而應該思考為什麼會產生。為此,必須了

---

[067]　Punch,英國老牌幽默雜誌。

✧ **Part Two　當人們渴望工作時，才是真正的解放**

解在那些他們周遭、卻有著不同的習慣和傳統的人們眼中的工人階級是什麼模樣。

　　一個寒酸的紳士家庭和一家生活在全是黑人的街上的「貧窮的白人」處境差不多。在這樣的環境下，你必須要堅持自己的紳士教養，因為這是你唯一擁有的東西。但人們討厭你的傲慢、說話腔調和舉止，替你貼上了統治階級的標籤。我第一次意識到階級之分時還不到六歲。在那之前，我心中的大英雄是工人階級，因為他們似乎總是做著十分有趣的事情，比如漁夫、鐵匠、泥水匠。我記得在康沃爾的一家農場上有一個幫工，在他們種蘿蔔時，常常讓我坐在播種機上，有時還會抓羊擠奶給我喝；隔壁修房子的工人，讓我玩溼灰漿；我還常和街上水管工的孩子出去掏鳥窩。但沒多久，我就被禁止和水管工的孩子一起玩。他們是「平民」，我要遠離他們。你要說這是勢利眼沒錯，但這也是必須的，因為中產階級不容許自己的孩子長大後說一口粗話。所以，很早的時候，工人階級就不再是友善而神奇的種族，而成了敵人的種族。我們意識到他們討厭我們，但我們不明白為什麼，而被認為是純粹的惡意。對於年少的我來說，幾乎對於像我家這樣家庭的所有孩子來說，「平民」幾乎不算人。他們目光凶惡、聲音駭人、舉止粗魯，他們討厭所有不同於他們的人，他們逮到一點機會，就會殘忍地侮辱你。這就是我們對他們的看法，儘管是錯誤的卻可以被理解。

無產階級的聲音

在戰前，英格蘭公然的階級仇恨要比現在更嚴重。在那段期間，你很可能僅僅因為長得像上流社會的一員就受到侮辱。現在情況則恰好相反，你更可能受到歡迎。任何三十歲以上的人都還記得那時候衣冠楚楚的人走過貧民窟的街道，幾乎都會遭到痛罵。大城鎮裡很多區域都被視為不安全，倫敦到處都有小混混，嗓門大，口無遮攔，讓那些不屑回應的人討厭至極。我小的時候，放假時一個縈繞不去的恐懼就是那幫「痞子」，他們可能會幾個人跑過來打你。不過，上學的時候是我們占多數，而「痞子」受壓制，我記得 1916～1917 年那個寒冷的冬天發生了好幾次打群架。而上下階層之間這種公開的敵對顯然至少持續了一個世紀。1960 年代，《笨拙》上一個典型的笑話就是一幅圖片，畫著一個神情緊張的矮個子紳士，騎馬走過一條貧民窟的街道，一群街頭混混圍到他身邊，大吼著：「這裡來了位大老爺！我們來嚇嚇他的馬！」想想看，現在混混們哪敢去嚇他的馬！他們更有可能圍著他，眼巴巴地希望他打賞吧。過去十幾年間，英國的工人階級沉靜下來。這是必定的，因為失業的可怕嚇壞了他們。在戰前，他們的經濟地位相對強勢，儘管沒有救濟金可以依靠，失業率卻不高，老闆階層的權利不如現在這般鮮明。G.J. 雷尼爾在他關於奧斯卡・王爾德（Oscar Wilde）的書中指出，在王爾德的審判之後爆發的蓬勃怒火，本質上有著社會意義。「倫敦的暴民們」讓上流社會的人措手不

✦ Part Two　當人們渴望工作時，才是真正的解放

及，他們想盡辦法讓他難堪。這一切都是自然甚至恰當的。如果你用過去兩個世紀裡人們對待英國的工人階級那樣對待誰，你一定能想到他們會因此而怨恨。另一方面，如果寒酸的紳士家庭的孩子們懷著對工人階級的憎恨長大，也是無可指責的。因為對他們而言，那幫無事生非的「痞子」代表著工人階級。

但還有一樁更為嚴重的問題。這之中蘊含西方等級之分的真正祕密——為什麼一個生長於資產階級的歐洲人，即使自稱共產主義者，也無法平等地對待工人的真正原因。這可以用幾個字概括出來，現在的人不能說這幾個字，但在我小時候，大家可是隨口而出。這幾個字是：卑賤的下等人。

這就是傳統給我們的信條——卑賤的下等人。而這顯然成了你無法跨越的障礙。因為不管喜不喜歡都受到傳統影響。種族仇恨，宗教仇恨，教育、秉性、智力甚至道德準則的差異，通通可以克服，但無法克服生理上的排斥。你可以對殺人犯或強姦犯產生感情，但你無法對髒臭的人產生感情。不管你如何真誠地祝福他，欽佩他的心智和品格，只要他髒臭，他就令人討厭，你就會從內心深處憎惡他。一般的中產階級從小認為工人階級無知、懶惰、酗酒、粗魯、不可靠，或許並沒什麼大不了，只有他從小認為他們髒，才要命。我小時候，人們就告訴我們工人階級很髒。從很小的時候，你就被灌輸這個想法，認為工人階級的身上有種無法解釋的可惡之處，除非萬不

得已,你不會靠近他。你看見大汗淋漓的挖土工人扛著鋤頭走過街道;你看到他褪色的襯衫和結著多年灰塵的硬邦邦的褲子;你想到那下面一層層一團團的破布,還有,所有衣物下沒洗過的身體,全身都是棕色的汙垢(我以前就是這麼想像的),散發著強烈的、燻肉般的惡臭。你看到一個流浪漢在溝裡脫掉鞋子!你從未認真想過,或許這個流浪漢並不願意這樣雙腳漆黑。就連你明知十分乾淨的「下等人」——比如僕人——也微微倒人胃口。他們汗水的氣味,他們皮膚的紋理,都和你有著無法言喻的區別。

每一個從小說話帶有 H 音,住在有浴室和僕人的房子裡的人,都可能從小懷有這種感覺,所以造就了西方階級不可踰越的鴻溝。奇怪的是,人們甚少承認這一點。我只能想到唯一一本對此直言不諱的書,就是薩莫塞特・毛姆(William Somerset Maugham)的《在中國屏風上》。毛姆先生描述了一位中國的高級官員來到一家路邊酒館的情景,他大吼大叫,痛罵在場眾人,以此讓他們記住,他是個達官貴人,他們只是螻蟻。五分鐘後,他自覺滿足了面子,便吃起飯來,和挑夫們親熱交談[068]。作為官員,他覺得自己需要讓人們了解到自己的身分,但他並不認為挑夫們和化天生不同。我在緬甸見過無數類似的

---

[068] 此段出自《在中國屏風上》中〈民主精神〉一文,文中實際情況和歐威爾所述有所不同。吃飯在先,一個小時以後,才與挑夫們親切交談。

✦ Part Two　當人們渴望工作時，才是真正的解放

情形。蒙古人──就我所知，是所有亞洲人中──有一種自然的平等，人與人之間有著輕鬆的親密，這在西方根本無法想像。毛姆先生補充道：

> 在西方，人以群分靠的是我們的嗅覺。工人是我們的主人，喜歡用鐵腕統治我們，但不可否認的是他有些體臭：沒有人對此感到奇怪，因為當你必須匆匆忙忙趕在工廠上班鈴響之前到班，還要在清晨洗個澡根本是不可能的事情，重體力工作也不是什麼愜意的事。假如必須由妻子來做洗衣工作，那你也會盡量避免勤換內衣。我不會因為工人身上的臭味而責怪他們，但他確實臭，也造成了社交上的困擾。以一個清早的浴盆劃分等級，比用出身、財產或教育更為有效。[069]

那麼，「下等人」真的臭嗎？當然，整體而言，他們是要比上層階級髒些。想想他們生存的環境，他們很難不臭，因為即使在今天，英格蘭也有一半以上的房子裡沒有浴室。另外，每天洗澡的習慣是最近才在歐洲興起的，工人階級又普遍比資產階級更為保守。但英格蘭人明顯越來越乾淨了，我們可以希望，一百年內，他們幾乎能像日本人一樣乾淨。實在遺憾，有些人把工人階級理想化，認為必須讚頌工人階級的各方面，包括骯髒也值得頌揚。如卻斯特頓的教徒就認為，髒是健康，是「自然」，乾淨不過是時髦，甚至是奢侈。（照卻斯特頓的話說，

---

[069] 引自《在中國屏風上》中〈民主精神〉一文，譯文參考唐建清譯本。

髒只是一種「難受」，可以算作苦修。不幸的是，髒主要是在令別人難受。髒的人自己並不會真的感到難受 —— 遠比不上大冬天的早上洗冷水澡。）他們似乎不明白，他們這樣卻助長了這個說法：

　　工人階級是自己選擇了髒，而非逼不得已。實際上，一般能洗澡的人都會洗澡。但關鍵在於，中產階級人士認為工人階級髒 —— 從上文引述的話可見，毛姆先生自己就這麼認為 —— 更糟糕的是，認為他們是天生就髒。童年時，我所能想像的最可怕的事，就是從一個挖土工人喝過的瓶子裡喝水。那一次，我十三歲，搭乘一輛從集鎮過來的火車。三等車廂裡擠滿了賣牲口的牧羊人、養豬人。有人拿出一夸脫[070]瓶的啤酒，傳給大家，瓶子在一張張嘴間傳遞，每個人都喝一口。我無法形容那個瓶子向我傳來時的那種恐懼。如果在這麼多下層男性的嘴喝過之後，我還從中喝水，我想我一定會吐；另一方面，如果他們傳給我，我也不敢拒絕，因為害怕他們生氣，從這裡你就可以看出中產階級的潔癖令人多麼為難。現在，謝天謝地，我沒有這樣的感覺了。工人的身體本身對我來說，不會比百萬富翁的身體更噁心。我仍然不喜歡從別的男人喝過的杯子或瓶子裡喝水 —— 我是指別的男人，女人我不介意 —— 但是至少和階級問題無關。是和流浪漢勾肩搭背治好了我的心理

---

[070]　英美容量單位，1 英制夸脫等於 2 品脫，等於 1,136.5225 毫升。

✧ **Part Two　當人們渴望工作時，才是真正的解放**

問題。以英格蘭人來說，流浪漢其實不算很髒，但他們髒名在外，當你和流浪漢共睡過一張床，喝過同一個杯子裡的茶後，你就會覺得已經見識過最糟糕的事，再怎麼糟糕也嚇不倒你了。

我之所以糾結於這些問題，是因為它們極為重要。要擺脫階級之分，你必須從理解一個階級在他人眼中的形象開始。如果只是說中產階級「勢利」是沒有用的。勢利是依附一種意識理念。中產階級的孩子從小就被告知要愛國，鄙視「下等人」，所謂的勢利就是從小被教導出來的。

可能人們要說我落伍，如今的孩子們從小接受著更加開明的觀念。確實，現今的階級矛盾大概沒有以往那麼嚴重了。工人階級以往公然流露敵意，現在則沉靜下來了，戰後製造的廉價衣物和整體態度的軟化，都淡化了表面的階級區別。但是毫無疑問，關鍵問題仍然存在。每一個中產階級人士都有隱而未發的階級偏見，只要一件小事，就足以挑起，而且四十歲以上的人很可能堅信自己的階級曾為下面的階級做出了某些犧牲。如果一個紳士出身、不善思考、竭力靠一年四、五百英鎊撐門面的普通人，你說他是寄生蟲似的剝削階級的一員，他會覺得你瘋了。他會衷心告訴你，在很多方面他其實過得還不如一個工人。在他眼中，工人們不是受壓迫的奴隸種族，而是一股邪惡的洪流，洶湧而上，要吞噬他、他的朋友和他的家人，要掃

無產階級的聲音

除一切文化和體面。因此,出現了一種奇怪的警戒與不安,憂心工人階級過於強大。戰爭剛剛結束時,煤價居高不下,有幾期《笨拙》便登載了一幅圖片,畫著四、五個面目陰鷙的礦工開著一輛廉價汽車。一個朋友路過時,大聲問道,他們從哪裡借的車?他們答道:「這是我們買的!」你看,這就足夠上《笨拙》了,因為礦工居然買了輛汽車,哪怕是四、五個人坐一輛車,也是令人無法接受,是違反自然的罪行。十幾年前就是這種態度,而且我沒有證據表明出現了根本性的轉變。工人階級已經被失業救濟金、養老金、免費教育等政策徹底寵壞了,他們道德淪喪、無可救藥卻仍然有眾多支持者;或許,最近的失業問題確實存在這一點。對於很多中產階級人士,尤其是大部分五十歲以上的人來說,典型的工人形象還是騎著摩托車趕往勞工介紹所,把煤放在浴缸裡的那種,以及用輕蔑的口吻說,你能相信嗎?親愛的,他們真的領著失業救濟金就敢結婚!

階級仇恨看似減少的原因在於 —— 現在不太會在臺面上提 —— 部分是因為我們這個時代的習慣,部分是由於報紙甚至書籍現在都要迎合工人大眾。如果你想要些紙本的研究資料,已故的聖茨伯里教授的附論值得一看。聖茨伯里是一位博學之士,也是一位高明的文學評論家,但談到政經問題時,他與其他人的區別僅僅在於他年紀較大,不認為有什麼理由要顧及普通禮貌。照聖茨伯里的話說,失業保險僅僅是「為供養一

❖ Part Two 　當人們渴望工作時，才是真正的解放

群什麼也不做的懶人做貢獻」，整個工會運動不過是一種有組織的乞討：

> 說別人是「乞丐」，現在幾乎可以被起訴了，不是嗎？儘管，就全部或部分地被他人供養這個意義上說，乞丐就是我們國民中大部分的人，還有一整個政黨的熱切抱負，而且相當程度上已經實現了。
>
> 　　　　　　　　　　　　　　　（《第二本剪貼簿》）

但要注意，聖茨伯里承認失業是必然存在的，實際上，認為它應該存在，只要能盡量折磨失業者就好：

> 難道「臨時」勞動力不是一個安全穩固的勞動體系的核心關鍵和安全閥嗎？
>
> ……在一個複雜的工商業國家，薪資穩定的持續就業是不可能的，而以堪比就業薪資的失業救濟金來救助失業者，一開始就會引人墮落，遲早要走向滅亡。
>
> 　　　　　　　　　　　　　　　（《最後一本剪貼簿》）

在沒有臨時工作可做時，「臨時勞動力」又是如何呢？想必（聖茨伯里贊同「好的窮人法律」）他們得去救濟院或者睡大街。至於每個人都「至少應該有機會餬口」這種觀念，聖茨伯里不屑地批駁道：

> 就連「生存的權利」……最多也僅止於保護人們不被謀殺

的權利。慈善肯定會、道德可能會等公共設施或許應該增加此類額外的保護條款，維持生命的延續，但嚴格而言，正義是否必須如此，就值得商榷。

至於說，因為生在某個國家，就對這個國家的土地有了所有權這樣的話，簡直不值一說。

（《最後一本剪貼簿》）

最後這段話的內涵，值得好好思考一下。這種段落在聖茨伯里的作品中隨處可見，它的耐人尋味之處在於會出版成書。大多數人都不好意思把這些話寫成文字。但聖茨伯里此處所說，正是任何一個每年安穩領著五百英鎊的小螻蟻心中所想。因此，某種意義上人們肯定並佩服他說了這些話。

中產階級人士生活在資本主義社會的框架之中，他必須繼續賺錢生活，如果他堅持資產階級的經濟地位，也無可厚非。但他的品味、他的習慣、他的舉止、他想像的背景——用共產主義的話說，稱為「意識形態」，有沒有變化？他除了現在會在選舉中投票支持工黨，或者有機會時支持共產黨，還有什麼變化嗎？可以看到，他仍然習慣性地與自己同一階級的人來往。到他家拜訪的，主要是把他當作自己階級中的一員，而少有贊同他的工人階級的成員。他對於食物、美酒、衣著、書籍、電影、音樂、芭蕾的品味，仍然是明顯的資產階級品味，最重要的是，他定然與自己的階級聯姻。看看 X 同志，大不列

◆ Part Two　當人們渴望工作時，才是真正的解放

顛共產黨的一員，《寫給嬰兒的馬克思主義》的作者。X 同志，恰恰就是一個老伊頓校友。他雖然樂意戰死街頭，至少理論上樂意，他把無產階級視為理想，但顯而易見，他的和他們完全不同。有一次，純粹是為了做個樣子，他沒撕掉標籤就抽雪茄，但要他用刀尖把起司送進嘴裡，或者戴著帽子坐在屋裡，甚至從茶托裡喝茶，這些他幾乎做不到。我認識不少資產階級的社會主義者，我聽過他們幾小時的長篇大論，反對自己的階級，但我從來沒有見過有誰學習無產階級的餐桌禮儀。為什麼不行呢？為什麼一個認為天下美德盡在無產階級的人，仍然要小心翼翼地安靜喝湯？這只能說，因為在他心裡，他仍覺得工人階級的舉止令人噁心。所以，你看，童年時大人教他厭惡、恐懼、鄙視工人階級，他現在仍然受到這種想法的影響。

▍社會的異化 ▍

十四、五歲時，我是個可惡的小勢利眼，但我這個年紀、這個階級的其他男孩也好不到哪裡去。我想，全世界沒有哪個地方能像英格蘭的公學一樣，勢利無處不在，並以如此精細而微妙的方式培養。至少在這一點上，不能說英格蘭的「教育」失敗。離開學校只有幾個月，你就忘了拉丁文和希臘文——我學了十幾年的希臘文，但現在的我連希臘字母表也背不

社會的異化

出 —— 但勢利，除非你像清除藤蔓植物一樣堅持不懈地清除它，否則它就會一直跟著你到死亡。

在學校裡，我處境尷尬，因為我周圍的同學們大多比我家富裕得多，我能去一家昂貴的公學，純粹是因為我獲得了一份獎學金。這是上層偏下中產階級子弟的普遍經歷，包括神職人員、英國駐外官員等人的兒子，它對我的影響也不小。一方面，它令我更堅持自己的紳士教養；另一方面，它讓我對那些父母比我父母有錢，並刻意讓我知道這點的男生們充滿了怨恨。我鄙視一切不能稱為「紳士」的人，但我也討厭那些卑鄙的富人，尤其是為富不仁的那些。我覺得，正確而高雅的狀況是出身紳士家庭但是沒什麼錢。這是上層偏下中產階級信條的一部分，帶著一種流亡的詹姆斯黨[071]式的浪漫感覺，令人感到慰藉。

但戰爭期間和戰爭剛剛結束的這些年，學校經歷了一段奇怪的時期，因為英格蘭一個世紀以來，從沒如此接近革命。一陣革命的熱情幾乎席捲全國，即使儘管消退了，卻也留下了豐富的東西。最主要的，儘管當時的人們無法預見，但是戰爭直接造成了青年反抗長輩。戰爭時期，青年犧牲生命，老人們的表現卻令人髮指。他們躲在安全地區，故作嚴厲，盡顯愛國之

---

[071] 支持詹姆斯二世及其後代奪回英國王位的一個政治、軍事派別，多為天主教教徒組成，曾跟隨詹姆斯流亡異國。

✦ Part Two 　當人們渴望工作時，才是真正的解放

情，而他們的兒子在德軍的機關槍下如一堆堆稻草般倒下。而且，戰爭主要由老人指揮，卻指揮得一塌糊塗。到 1918 年，所有四十歲以下的人都對長輩不高興，戰爭之後反戰情緒高漲，演變成了一場對正統和權威的反抗。

那時候，年輕人出現了一種奇怪的時髦現象，就是憎恨「老頭子」。「老頭子」掌權造成了人類所知的每一樁罪惡。每一項約定俗成的東西 ── 從史考特的小說到上議院 ── 僅僅因為「老頭子」支持，就都受到了嘲弄。有幾年，做當時所謂的「布爾什維克」[072] 成了一時風尚。英格蘭充滿了半生不熟、離經叛道的觀念。和平主義、國際主義、各式各樣的人道主義、自由性愛、離婚改革、無神論、節育 ── 這些東西都廣為流傳，遠超過正常時期。當然，革命情緒也感染了那些年紀太小的人，甚至感染了公學裡的男學生們。那時候，我們全都以為自己是一個新時代的進步人士，丟掉了可惡的「老頭子們」強加給我們的所有正統思想。基本是我們依然保持階級的勢利觀念，我們理所當然地認為可以找到輕鬆的工作，繼續領取自己的薪資，但我們又自然地覺得要「反政府」。

我們嘲笑軍官訓練隊、基督教，甚至包括義務運動和皇室。我們沒有意識到，我們只是加入了一場世界性的反戰活動。有兩件事情我記憶猶新，可以證明當時那怪異的革命熱

---

[072]　原文為 Bolshie，是個具有戲謔意味的詞。

社會的異化

情。一天,教我們語文的老師幫我們做了一個常識測驗,其中一個問題是:你認為尚在人世的十位偉人是哪幾位?我們班裡平均年齡十七歲的十六個男生中,有十五位都把列寧(Lenin)寫了進去。這是一所勢利而昂貴的公學,時間是1920年,可見俄國革命在眾人腦海印象深刻。還有一件事情是1919年所謂的和平慶典。我們的長輩替我們決定要用傳統方式慶祝和平,為敵人倒臺歡呼。我們要手舉火把,齊步走近校園,高唱〈不列顛萬歲〉[073]這類沙文主義歌曲。那些男學生們——我覺得這是他們的光榮——則把整個過程變成了惡作劇,和著規定的旋律卻唱著大逆不道的煽動性詞句。我懷疑現在還可能會發生這樣的事。我現在見到的公學裡的男生,哪怕是聰明的那些,觀點也一定比五十年前我和我的同時代人溫和得多。

因此,十七、八歲的我既是勢利眼也是革命分子。我反對一切權威。我反覆讀過蕭伯納(George Bernard Shaw)、威爾斯(Herbert George Wells)、高爾斯華綏(John Galsworthy)(那時仍然被視為危險的「進步」作家)出版的所有作品,我輕率地自稱社會主義者。但我不太明白社會主義究竟是什麼,也不認為工人階級是人。透過書本這一媒介——例如傑克·倫敦(Jack London)的《深淵居民》(*The People of the Abyss*)——我遠遠地為他們的苦難而痛苦,但每當我靠近他們時,我仍然討厭他

---

[073] Rule Britannia,英國海軍軍歌。

◆ Part Two　當人們渴望工作時，才是真正的解放

們、鄙視他們。他們的口音仍然讓我反胃，他們習慣性的粗魯仍然讓我惱火。要記住，戰爭剛剛結束那時候，英格蘭的工人階級滿懷不滿的情緒。那是大罷工的時期，礦工被視為魔鬼的化身，老太太們每晚都要檢查一下床底下，唯恐羅伯特·斯邁利[074]（Robert Smillie）躲在那裡。整個戰爭期間及之後的一小段時間，薪資很高，就業充足，而這時整體狀況要回到正常水準以下，工人階級自然要抵制。參戰的人們當初是受到美好承諾的誘惑而參軍，這時回到家鄉，卻發現這是一個沒有工作甚至沒有房子的世界。而且，他們打過仗，帶著戰士的生活態度返鄉的，也就是雖然有紀律，但根本上不講王法的態度。空氣中瀰漫著動盪的情緒。那時候流傳著一首歌，副歌部分令人印象深刻：

世事都無定論，

除了富人越富，窮人生子。

與此同時，

在這之間，

我們不是玩了個痛快嗎？

人們還沒有習慣一生失業，藉一杯接一杯的茶澆愁。他們還在期待著他們為之奮戰的烏托邦，而且甚至比以前更加

---

[074]　Robert Smillie（1857～1940），蘇格蘭煤礦工人領袖。

社會的異化

大膽地表示對上層社會的敵意。於是，對於資產階級的減震器——比如我自己——「平民」仍然是一副粗野又令人討厭的樣子。回想那段時光，我似乎把一半的時間拿來抨擊資本主義制度，另一半則拿來對公車售票員的傲慢無禮憤憤不平。

我不到二十歲就去了緬甸，進了印度帝國警署。在緬甸這樣的「帝國前哨」，好似沒有出現階級問題。這裡沒有明顯的階級摩擦，因為最重要的不在於你有沒有進過正式學校，而在於你的膚色嚴格說來夠不夠白。實際上，緬甸的大多數白人，都不是在英格蘭稱得上「紳士」的那類，但除了普通士兵和幾個身分曖昧的人，他們都過著「紳士」生活，也就是，有僕人，而且稱晚飯為「晚餐」，應該這麼說，他們都被視為同一個階級。他們是「白種人」，與之對應的另一個低等階級，是「本土人」。但人們對「本土人」的感覺和英格蘭對「下等人」是不同的。關鍵在於「本土人」，至少緬甸人，不讓人感到生理上的反感。你會因為他們是「本土人」而瞧不起他們，但很樂意與他們有肢體上的親密接觸，而且我注意到，即使懷有最嚴重人種偏見的白人也是如此。你有了很多僕人，就會很快養成懶惰的習慣。例如，我自己就很習慣讓我的緬甸小童為我穿衣寬衣。這是因為他是緬甸人，卻不噁心，我不可能讓一個英國男僕以那樣親密的方式服侍我。我對緬甸人的感覺幾乎和對女人一樣。和大多數其他種族一樣，緬甸人也有一種特殊的氣

◆ Part Two 　當人們渴望工作時，才是真正的解放

味──我描述不出來，那是一種讓人牙痛的氣味──但這氣味並不令我噁心。[075] 某種意義上我的態度情有可原，因為我必須承認，大多數東方人比大多數白人的身體更為健美。緬甸人皮膚如絲般光滑而又結實，直到四十歲才會發皺，就算這樣，也不過是像一片乾皮革一樣，對比一下，白種人的皮膚粗糙、鬆弛又下垂。白人腿上、手臂上都長有細軟而醜陋的毛髮，胸前也有醜陋的胸毛。緬甸人只在適當的地方生有一兩簇剛硬的黑毛，其餘地方都很乾淨，通常也不留鬍鬚。白人幾乎都會禿頭，緬甸人則很少或根本不會。緬甸人牙齒完美，雖然被檳榔汁染了顏色，白人的牙齒則經常蛀牙。白人通常體型不佳，發胖以後，全身都鼓起來，蒙古人骨架優美，到了晚年體型也幾乎和年輕時一樣。當然，白人之中也有些出類拔萃之人，有幾年美麗無比，但整體上，不管你怎麼說，他們確實遠遠比不上東方人標緻。但我並非是因為這些才覺得英格蘭的「下等人」比緬甸的「本土人」更討厭，而是仍然受制於我早年學得的階級偏見。我二十歲初時，很短一段時間受到英國軍隊的吸引。當然，我對士兵又敬又愛，對長自己幾歲、孔武有力、愉快活潑，胸口還佩戴著世界大戰勳章的青年又敬又愛。然而，他們終究還是略微令我感到討厭。他們是「平民」，我不願意太接近他們。在炎熱的早上，連隊整齊地走過馬路，我自己和一位初

---

[075] 　順便說說，東方人說我們也有氣味。我相信他們說白人聞起來像屍體。緬甸人也這麼說，儘管從沒有哪個緬甸人粗魯到對我說這話。

社會的異化

級中尉跟在後面，前面百十來人身體上騰起的熱氣令我胃裡一陣翻騰。而這純屬偏見。因為士兵在生理上不會比任何白人更引人反感。他們大多年輕，飽受新鮮空氣和鍛鍊的洗禮，幾乎總是很健康，嚴明的軍紀也迫使他們保持乾淨。但我只知道，我聞到的是下等人的汗臭味，一想到這裡就讓我噁心。

後來我擺脫了階級偏見或者部分偏見，這是一個曲折的過程，歷時數年。一件事情改變了我對階級問題的看法，但它與這個問題沒有直接的關係 —— 幾乎是毫不相干。

我在印度警署待了五年，五年後，我懷著一種說不清的怨恨，對我所服務的帝國主義有了憎恨之心。在英格蘭的自由氣氛中，你無法完全理解這種事情。要憎惡帝國主義，你就必須成為它的一部分。從局外人的角度來看英國在印度的統治，仁慈是必要的。毫無疑問，法國在摩洛哥的統治和荷蘭在加里曼丹島[076]的統治，也是如此，因為人們常常管理外國人勝於管理自己。但成了這種體系的一部分，就會了解到它是一項不正當的暴政。就連駐印的英國人也明白這點。他在大街上看到的每一張「本土人」的臉，都讓他看清自己野蠻的入侵。大部分駐印英國人，並不像英格蘭的人以為的那樣，對自己的地位洋洋自得，或時不時地出現不滿。從最意想不到的人口中、從高高在上的達官貴人、滿腹琴酒的惡棍口中，我聽見了這樣的話：

---

[076] 馬來西亞的一個島嶼，又譯作婆羅洲。

✦ Part Two　當人們渴望工作時，才是真正的解放

「我們根本沒有權利踏上這個該死的國家。只是既然我們已經來了，看在上帝的份上，就讓我們待著吧。」事實是，沒有哪個現代人內心深處會相信侵略他國、武裝鎮壓他國的人民是正確的。

欺壓他國，是比經濟壓迫更明顯、更易於理解的罪惡。因此，在英格蘭，我們乖乖聽憑搶掠，讓五十萬一無是處的閒人享受奢華，但我們寧願拼盡最後一條命也不願受外國人統治。同樣，那些無功受祿卻無絲毫良心不安的人，也看得十分清楚，去一個不歡迎你的外國稱王稱霸，是錯誤的。結果是，每一個駐印英國人都受著罪惡感的折磨，雖然他平時都會竭力掩飾，但因為沒有言論自由，如果被人聽見說這些蠱惑人心的話，就有可能傷害他的前途。整個印度，都有英國人暗暗厭惡著他所屬的這個體系。只有當他十分肯定身邊人沒有問題時，才會偶爾流露出內心的怨憤。我記得一個晚上，我和一個教育界的人一起搭火車，我不認識他，也不知道他的名字。因為天氣太熱睡不著，我們就聊了一整晚。經過半個小時的小心試探，我們確定了彼此「安全」。然後，隨著火車慢慢顛簸著在漆黑的夜色中前行，我們抱著酒瓶在舖位上坐了幾個小時，痛罵大英帝國 —— 從局內人的角度，洞若觀火、瞭如指掌地痛罵它。這讓我們都感到十分痛快。但我們說的是不能公開說的話，晨光中，火車慢慢駛進曼德勒，我們就像偷情的情人般滿

懷愧疚地分手了。

據我觀察，幾乎所有英國駐印官員都受到過良心折磨。僅有的例外是那些從事有明確的作用工作的人、不管英國人占不占領印度都必須要做的人。例如林業人員、醫生和工程師。但我在警署，也就是說我屬於真正的專制機器。而且，你在警署會近距離見證帝國的卑鄙行徑。真正實施這些卑鄙行徑和從中受益大不相同。大多數人都贊同死刑，但大多數人都不願意擔任劊子手的工作。就連其他在印度的歐洲人也為警察的野蠻行徑而鄙視他們。記得有一次，我在巡查派出所，一位和我十分熟絡的美國傳教士進來了。就像多數新教的傳教士一樣，他是個十足的老實人，但也是個相當不錯的人。我的一位本土副督察，正在欺負一個嫌犯（我在《緬甸歲月》中描述過這個場景）。那位美國人看著這個場景，然後轉向我，若有所思地說：「我可不想做你這份工作。」這讓我萬分羞愧。這就是我的工作！連一個美國傳教士這樣的老實人，一個來自美國中西部的滴酒不沾的老處男，都有權利看不起我、可憐我！但即使沒有人這樣告訴我，我也一樣羞愧。我已經開始對整個所謂的正義機器產生了一種無法言喻的厭惡。隨你怎麼說，但我們的刑法是件可怕的東西，在印度的法律要比英國的人道多了，但依然要鐵石心腸的人才能行使。那些蹲在拘留所惡臭的籠子裡的可憐囚犯，那些長期犯的灰暗畏縮的臉龐，那些遭到竹板鞭笞傷

✧ Part Two　當人們渴望工作時，才是真正的解放

痕累累的屁股，那些男性被拘捕帶走時嚎啕大哭的婦孺——只要你對這些事情負有任何形式的直接責任，你就無法忍受這些。我見過一個男人接受絞刑，這對我來說比千百次謀殺還要可怕。每每進入監獄，我都會感到自己像是被關在鐵欄後的囚犯，大多數到過監獄的人都是一樣的感受。在這個問題上，我當時想，有史以來的任何罪犯都比絞刑官的道德高尚。現在，我的想法依舊沒變。當然，這種話我不能說出來，因為在東方的每一個英國人都被迫保持近乎絕對的緘默。最後我得出了一個無政府理論：懲罰總是比罪行本身危害更大，只要不多管，可以相信人們自會言行得體。這當然是意氣用事的話。我當時不懂，現在明白了，保護和平的人民不受暴力侵害確是有必要的。在任何犯罪都有利可圖的社會，你都必須採取嚴刑峻法，而且無情地執行；否則就等著阿爾・卡彭[077]（Al Capone）吧。但執法人員心中都會感到懲罰是邪惡的。

　　我猜，即使在英國，很多警察、法官、獄警之類也對自己的所作所為懷有揮之不去的恐懼。但在緬甸，我們實施的是雙重壓迫。我們不僅絞殺人民，把他們送進監獄等等，同時我們還是以不受歡迎的外國侵略者的身分來做這些事。緬甸人並未真正認可我們的司法權。被我們送進監獄的小偷並不認為自己是罪有應得的罪犯，而認為自己是受外國欺凌的受害者。他所

---

[077]　Al Capone（1899～1947），黑手黨領袖。

社會的異化

受的刑罰則是荒唐且毫無意義的殘忍行徑。在拘留所的粗柚木柵欄和監獄的鐵柵欄後，這個想法在他的臉上表露無遺。不幸的是，我還沒能練就對人類的表情無動於衷。1927 年我休假回國時，已經下了一半決心，要辭掉工作，剛一嗅到英國的空氣，我就決定了。我不會回去與邪惡的獨裁統治同流合汙。但我要的不止是逃離這份工作。五年來，我服務於一項壓迫制度，它讓我良心難安。數不清的難忘的臉 ── 法庭上被告的臉，在死囚牢房等待行刑的人的臉，我欺侮過的下屬的臉，我喝斥過的老農的臉，我暴怒之時以拳相向的僕人和苦力的臉，都讓我難以忍受、折磨著我。我意識到身上有如千鈞之重的內疚，我必須贖罪。這聽起來也許太誇張，但如果你在一個你完全不贊成的工作職位上做了五年，很可能也會有同樣的感受。我將此化簡為一個簡單的理論，就是被壓迫者總是正確，壓迫者總是錯誤。若你自己當了壓迫者，自然就會有這個結論。我感到自己不僅要逃離帝國主義，而且要逃離一切形式的人統治人。我想放低自己，加入被壓迫者的行列，成為他們的一員，和他們站在一邊對抗暴君。而且，由於我必須在孤獨中思考一切，我對壓迫的憎恨已經到了格外深重的地步。在那時候，失敗對我彷彿是唯一的美德。任何自我的進步，甚至一年賺幾百英鎊這種所謂的「成功」人生，都讓我覺得是精神上的醜惡，是另一種欺凌。

✦ Part Two 當人們渴望工作時，才是真正的解放

正是這樣，我轉向對英格蘭工人階級的關注。這是我第一次真正意識到工人階級的存在。一開始，這只是因為他們提供了一個類比。他們是象徵性不公的受害者，在英格蘭扮演著和緬甸人一樣的角色。在緬甸這個問題十分簡單，白人在上，黑人在下，因此自然而然要同情黑人。我現在了解到，沒有必要遠走緬甸去尋找暴政和剝削。就在英格蘭，就在我們腳下，困苦的工人階級，雖然受苦的方式不同，苦難深重卻不輸於東方人。被人人掛在嘴邊的「失業」一詞。在緬甸待過後，這對我來說多少有些新鮮，但中產階級的滿口胡說，比如「這些失業者都是自己無能」等騙不了我。我常常懷疑，這種話是不是就連說話本人其實也不相信。另一方面，那個時期我對社會主義或其他的經濟理論都沒有興趣。當時在我看來只要我們願意，隨時可以停止經濟不公平，如果我們不想，就無法停止，而如果我們真想讓它停止，採取什麼辦法都可以，現在我的看法也沒有改變。

那時我對工人階級的情況一無所知。我看過失業狀況，卻不明白其中意義。最重要的是，我不明白這個關鍵事實：「體面的」貧窮總是最可惡的。一個正直的工人在工作了一輩子後，一朝被扔到大街上這種恐怖的厄運，他反抗自己並不了解的經濟法規，還有家庭的解體、椎心的羞愧——所有這些都超出我的經驗範圍。想到貧窮，我想到的是殘忍的飢餓。還

社會的異化

有那些社會的棄兒：流浪漢、乞丐、罪犯、妓女。這是「底層的底層」，這些就是我想接觸的人。那時，我深深希望能找個辦法徹底脫離這個體面的世界。我為此深思熟慮，甚至計劃了部分細節：要怎麼賣掉一切，拋棄一切，更名改姓，除了一身衣服以外一無所有地開始生活。但在現實生活中，沒有人會做這種事，不僅要考慮親戚朋友，而且就算真想這麼做，有水準的人能否做得出來也令人懷疑。但是至少，我走入了這些人之中，見識了他們的生活，暫時地融入了他們的世界。一旦我走近他們，被他們接納，我應該就能觸到底層了，那麼——我的感覺就是這樣，即使那時我也明白這是非理性的——我的內疚就能消除一些。

經過考慮，我決定了自己的做法。我喬裝打扮，去萊姆豪斯[078]和白教堂之類的地方，睡在普通旅館裡，和碼頭工人、街頭小販、流離浪人、乞丐等人結交，如果可以的話，還有罪犯。

我要弄清楚流浪漢的生活，了解與他們接觸的方法和如何進入臨時收容所。然後，弄清情況後，就上路流浪去。

一開始並不容易。因為我不擅偽裝。例如，我無法偽裝我的口音，最多只能撐幾分鐘。我猜我一開口就會被認出來是個「紳士」，你看，英格蘭人的階級敏感性多可怕。於是我準備了

---

[078] 倫敦東部區名，舊時為華人聚居區，以貧窮骯髒而著名。

◇ Part Two　當人們渴望工作時，才是真正的解放

一個慘遭厄運的故事，以免有人問起。我找到了合適的衣服，弄髒衣服。由於個子較高，喬裝起來很難，但是我至少知道流浪漢看起來是什麼樣（順便說一下，沒幾個人知道這一點。看看《笨拙》上任何一幅流浪漢的圖片，那都是二十年前過時的圖片）。

　　一天晚上，我在一個朋友家裡做好了準備，於是出發往東走去，來到萊姆豪斯考斯韋的一家旅館。這地方看起來又黑又髒。我是從窗戶上貼有「提供單身漢的好床位」的招牌才知道這是個旅館。天哪，你不知道我是花了多大的勇氣才敢走進去！現在看來簡直可笑。但我那時還是有些害怕工人階級。我想接觸他們，我甚至想成為他們的一員，但我仍然把他們看成危險的異類。走進那家旅館漆黑的大門，對我來說就像走下某個可怕的地下世界 —— 像是一條老鼠橫行的下水道。我走進去時，以為會發生一場打鬥。那些人會發現我不是他們的一員，會馬上看出我是來刺探他們的，然後他們會襲擊我，把我扔出去 —— 這就是我的預想。我覺得我必須這麼想，因為我覺得前景不樂觀。

　　進了門，不知從哪裡冒出來一個穿短袖的男人。這是「代管掌櫃」。我告訴他，我想要張床過夜。我的口音沒引起他的注意。他只是要了九便士，然後就帶我到了一間燈光通明但泛著霉味的地下廚房。四周坐著一些裝貨工人、挖土工人和幾

◇ 社會的異化

個水手，一邊玩國際跳棋一邊喝茶。我進來時他們幾乎沒有看我。但那是週六晚上，一個壯碩的年輕裝貨工醉醺醺的，正在房間裡踱步。他轉身見了我，歪歪倒倒地向我走來，一張大紅臉龐向前伸著，眼中放射出危險而狐疑的目光。我僵住了。看來打鬥不可避免！下一刻，這個裝貨工就倒在我胸前，手臂摟著我的脖子。「喝杯茶啊，哥們！」他眼淚汪汪地喊著，「喝杯茶！」

我喝了一杯茶。這是一種洗禮。從那以後我的恐懼就煙消雲散了。沒有人盤問我，沒有人表現出無禮的好奇，每個人都禮貌而溫柔，自然而然地對待我。我在那家旅館裡待了兩三天，幾個星期後，我已經收集了一定的資料，了解了窮人的習慣，於是第一次上路流浪了。

所有這些我都在《巴黎倫敦冒險記》中描述過（儘管有所調整，書中寫的所有事情幾乎都真實發生過），不再贅述。後來我還流浪過幾次更長的時間，有時是主動去的，有時是迫不得已。我一共在旅館裡住了幾個月。但這第一次探險最令人印象深刻，因為那種陌生感──終於融入了「底層的底層」，與工人階級完全平等的陌生感。誠然，流浪漢算不得典型的工人階級。不過，當你置身於流浪漢中，你至少也融入了工人階級的一個部分。據我所知，除此之外你再沒有別的辦法融入其中。有好幾天，我和一個愛爾蘭流浪漢一起流連於倫敦北部的

✦ Part Two　當人們渴望工作時，才是真正的解放

郊區。我是他暫時的夥伴。我們晚上共宿一屋，他告訴我他的人生經歷，我告訴他一套我編造的人生經歷，我們輪流去看起來有希望的、會被施捨的房子前乞討，然後平分乞討成果。我非常高興。我就在這裡，就在「底層的底層」之中，在西方世界的最底層！階級藩籬垮掉了，或者看似垮掉了。在這底下，這個骯髒的、實際上乏味得可怕的流浪漢的世界，讓我有了一種解脫的感覺、冒險的感覺，回想起來荒唐可笑，當時卻意趣盎然。

階級間的對立與合作

但不幸的是，光是和流浪漢交朋友無法解決階級問題。這麼做最多只能幫你擺脫自己的階級偏見。

流浪漢、乞丐、罪犯等社會棄兒通常都是例外，不足以作為工人階級整體的典型，猶如知識分子不足以作為資產階級典型一樣。要和一個外國「知識分子」親密往來十分容易，但要和一個普通的外國中產階級的體面人親密往來可不容易。比如說，有多少英國人去過普通法國資產階級的家裡？除非是夫妻，否則根本不可能，英格蘭的工人階級也是一樣。和扒手稱兄道弟很容易，只要你知道去哪裡找他，但要和磚瓦工稱兄道

階級間的對立與合作

弟就不容易了。

為什麼和社會棄兒平等相待如此容易呢？人們常常對我說：「你和流浪漢一起的時候，他們一定不會真的接納你、把你當作他們自己人吧？他們一定會注意到你與眾不同、注意到口音的不同？」等等。實際上，很大一部分流浪漢，根本沒注意到這種事。首先，很多人聽不出口音，完全以你的外表來評判你。我沿街乞討時，常常震驚於這個事實。有些人顯然對我的口音驚詫不已，其他人則全然沒注意到，他們只看到我髒兮兮且衣衫襤褸。再說，流浪漢來自英倫諸島的天南地北，口音天差地別。流浪漢早就聽慣各種口音，有些太過怪異甚至無法理解，比如，從各地來的人，就聽不出哪種南方口音是「有水準」的口音。更何況，說著「有水準」的口音的人，雖然在流浪漢裡十分罕見，但也不是沒有。哪怕流浪漢明白了你的出身與之不同，也不見得會改變他的態度。從他們的角度看，唯一重要的是你和他們一樣，「在流浪」。而且在這個世界裡，人們並不多問。你要是願意，自然可以傾訴自己的人生經歷，大多數流浪漢也是有人提起才會說出來，但完全沒人逼你說，而且不管你怎麼說，都會被毫不質疑地接受。只要穿上合適的衣服，哪怕主教也能在流浪漢中如魚得水。即使他們知道了他是個主教，可能也毫無影響，只要他們相信他確實流離失所了。一旦你進入這個世界，並看起來融入其中，你以前如何都沒有關

✦ **Part Two　當人們渴望工作時，才是真正的解放**

係。這是一個人人平等的國中之國，一個小小的骯髒的民主世界 —— 或許是英格蘭現存的最接近民主的族群。

　　但一般的工人階級，狀況則全然不同。首先，無法輕易融入他們之中。只需穿上合適的衣服，你就可以變身流浪漢，去最近的臨時收容所，但你無法變身挖土工人或煤礦工人。就算你能勝任這個工作，你也找不到挖土和煤礦的工作。你可以接觸工人階級中的知識分子，但他們跟流浪漢或竊賊一樣不具任何特性。要和其餘的工人階級交往，你只能作為租客住進他們的房子裡，這比較像「參觀貧民窟」，是很危險的。我曾住在一個煤礦工人的家裡好幾個月。我和這家人一起吃飯，我在廚房水槽裡洗碗，我和礦工共睡一間臥室，和他們一起喝啤酒、玩跳棋、聊天。但是，儘管我置身其中，也希望並相信他們歡迎我，但我仍然沒有成為他們的一員，他們比我更清楚這一點。不管你多麼喜歡他們，不管你覺得他們的談話多麼有趣，總有階級差異作祟，這不是不喜歡或反感的問題，只是差異問題，無法達成真正的親密。即使是和自稱共產主義者的礦工在一起，我也發現，需要小小的謀略才能阻止他們稱我「先生」。他們所有人，除非在玩興大發的時刻盡情放鬆，否則都會為了體諒我而弱化他們的北方口音。我喜歡他們，也希望他們喜歡我，但我是一個外人進到他們的團體，我們雙方都明白這一點。不管你如何轉換你的衣著、舉止，階級有別的魔咒都像一

堵石牆將兩邊隔開。或者，確切地說不像石牆，而像水族館的玻璃窗，假裝它不存在易如反掌，要穿過它卻難如登天。

不幸的是，如今流行假裝可以穿透這層玻璃。當然每個人都知道階級偏見的存在，但同時每個人又都聲稱，他不自覺就能免於這種偏見。勢利也是一樣，別人都有，但我們從來沒有。不僅是社會主義的信徒，每一個「知識分子」也都理所當然地以為，他自認自己是超脫於階級紛擾的。和他的鄰居不同，他可以看透荒謬的財富、等級、頭銜等等。「我可不是勢利眼」就是如今的通行信條。有誰沒嘲笑過上議院、軍隊等級、皇室、公學、玩打獵射擊的公子哥、切爾滕納姆寄宿公寓的老太太、「郡縣」社會的恐怖以及普遍意義的社會等級？這樣的嘲笑已經成了不由自主的姿態。你在小說裡尤其能注意到這一點。每一個裝腔作勢的小說家都對筆下的上流人物抱以諷刺的態度。實際上，若小說家不得不在故事中加入一個絕對的上流人物——一個公爵、男爵或隨便什麼吧，他就會發自本能地嘲弄他。有一個重要的推波助瀾的原因在於，現代上流社會語言匱乏。「有水準的人」的語言是如此貧乏、毫無個性，使得小說家根本無能為力。目前為止，讓它有趣起來最容易的辦法就是滑稽處理，也就是說把每一個上流人士都設定是無能的蠢貨。小說家爭相模仿這個把戲，最終幾乎成了範本。

其實內心深處，每個人都明白這是謊言。我們全都痛罵階

✧ Part Two　當人們渴望工作時，才是真正的解放

級，但很少有人真正想廢除它。這裡面有一個重要的事實：每一個革命觀念的力量來源都來自於一個隱祕的信念，即什麼都無法改變。

　　如果你想找出一個好的例子，那可以研究一下約翰‧高爾斯華綏（John Galsworthy）的小說和戲劇，注意作品的時間順序。高爾斯華綏是戰前那些臉皮很薄、眼眶含淚的人道主義者的絕佳典範。他起初有一種病態的悲憫情結，甚至到了認為每一個已婚婦女都是被色鬼囚禁的天使的地步。他無時無刻不在為過度勞累的職員、薪資太低的農場工人、娼妓、罪犯、妓女、動物的苦難義憤填膺地渾身顫抖。在他早期作品（《有產業的人》、《正義》）中，他眼中的世界分為壓迫者和被壓迫者，壓迫者高高在上，如同巨大的石雕像，即使全世界的力量也無法推翻。但你就那麼確定他真想推翻它嗎？相反的，在他與不可撼動的暴政對抗之時，他意識到這不可撼動。當事情的發展出乎意料，他所認知的世界秩序開始崩塌時，他的想法就改變了。原本決心要做受壓迫者的領頭人，反抗暴政與不公的他，最後卻宣揚[079]要解決英格蘭工人階級的經濟難題，就要把他們趕到殖民地去。他要是多活十年，可能就會發展成紳士版的法西斯了。這是感性主義者必然的命運。只要稍稍遭遇現實，他們就會全盤改變所有的觀點，站到自己的對立面去。

---

[079]　參見《銀匙》。

階級間的對立與合作 ✧

　　所有的「進步」觀念都瀰漫著同樣愚蠢而幼稚的虛偽，以帝國主義的問題為例。每一個左翼「知識分子」都是反帝國主義者。他號稱超脫於帝國紛擾之外，又如此自以為是，一如他號稱超脫於階級紛擾之外一樣。就連沒有明確反對英國帝國主義的右翼「知識分子」，也假裝對此抱以笑話似的疏離姿態。拿大英帝國開玩笑很容易。《白人的義務》[080]、《不列顛萬歲》、吉卜林的小說、討厭的駐印英國人——誰提到這些事情不都是帶著一聲嘲笑？有哪個有水準的人一輩子一次也沒取笑過哪個印度陸軍士官長，說如果英國人離開了印度，白沙瓦[081]和德里之間（或者隨便哪裡）就不會剩下一個盧比[082]和一個處女？這就是典型左翼人士對待帝國主義的態度，這是一種徹底軟弱又沒骨氣的態度。因為唯一重要的問題是：你是想讓大英帝國團結一體還是想讓它分崩離析？而在內心深處，沒有哪個英格蘭人希望它分崩離析。因為，且不說其他，我們在英格蘭享受的高標準生活就因為我們牢牢抓住帝國，特別是印度、非洲等熱帶地區。在資本主義制度下，為了讓英格蘭的生活相對舒適，一百萬印度人必須生活在餓死的邊緣——這是一樁罪惡，但每當你跨進一輛計程車或吃一盤奶油草莓時，都在默許

---

[080] 英國詩人吉卜林的作品，以此含蓄地提醒帝國主義者，擴張將付出代價，也有人認為是將向外擴張稱為高貴舉措。
[081] 巴基斯坦北部城市。
[082] 印度的貨幣。

✦ Part Two 當人們渴望工作時，才是真正的解放

此事。否則，就要推翻帝國，讓英格蘭變成一個寒冷又無足輕重的小島，我們全都得在島上辛苦工作，主要靠鯡魚和馬鈴薯過活。這是任何左翼人士最不想要的。但左翼人士依舊認為，他對帝國主義不負有道德責任。他非常樂意坐享帝國的成果，然後靠嘲笑使帝國團結一體的人來拯救自己的靈魂。

明白了這點，就會明白大多數人對於階級問題的態度是多麼不切實際。如果僅僅是改善工人生活的問題，每一個正義之士都無異議。例如，拿煤礦工人來說。每個人，都願意看到礦工過得更好。如果礦工能乘坐舒適的有軌電車，而不是手腳並用地爬到煤壁上，如果他可以上三個小時而不是七個半小時的班，如果他可以住有五間臥室加一間浴室的體面房子，領一星期十英鎊的薪資 ── 太棒了！而且，這是有可能實現的。世上有無窮的財富，只要盡可能開發，我們全都能生活得像王公貴族。從社會層面來說這個問題也一樣簡單。某種意義上，幾乎每個人都想消除階級之分。顯然，在現代英格蘭人與人之間這種長期的不和諧，是受罪，是詛咒，是麻煩。因此，人們忍不住像童子軍團長一樣善意地疾呼：「別叫我『先生』了，夥伴們！我們都是人！讓我們結成朋友，攜手並肩，牢記我們全都是平等的。我知道要戴什麼樣的領帶而你不知道，我靜悄悄地喝湯而你喝湯會發出水流過汙水管的聲音等等諸如此類，到底有什麼要緊？」所有這些都是毒害最深的垃圾，但表達得當的

時候就顯得十分誘人。

但只是盼望階級之分消失並無法取得任何進展。更確切地說，盼望它消失是必須的，你明白消除階級之分就意味著消除你自己的一部分。以我而言，一個典型的中產階級成員。想擺脫階級之分這種話說起來很容易，但我所思所為幾乎都是階級之分的結果。我的所有觀念——善惡觀、愛憎觀、苦樂觀、美醜觀——根本上都是中產階級的觀念。我對書籍、食物、衣著的品味、我的榮譽感、我的餐桌禮儀、我的措辭行文、我的口音，就連我的舉手投足，無一不是一種特殊的教養和一個社會等級的產物。

我明白了這一點，拍著無產階級的背跟他說他不比我差，是沒用的；如果我想和他有真正的接觸，我就必須做出根本沒準備做的努力。因為要超脫階級紛擾，我不僅需要壓抑我個人的勢利，還要壓抑我其他的大部分品味和偏見。我必須完全改變自己，以至最後判若兩人。需要做的不僅是改善工人階級的生活條件，也不僅是避免更愚蠢的勢利形式，而是全然拋卻上流階級和中產階級的生活態度。我是接受還是拒絕，很可能取決於我的覺悟到了什麼程度。

然而，很多人以為，他們可以消除階級之分，而不用改變自己的習慣和「意識形態」。因此破除階級的運動如火如荼，處處都能看到。到處都有善良的人們誠心地相信，他們在為推翻

✧ Part Two　當人們渴望工作時，才是真正的解放

階級之分努力。中產階級的社會主義者熱心幫助無產階級，創辦「夏季學校」，讓無產階級和幡然悔悟的資產階級勾肩搭背，相親相愛直到永遠。資產階級的參加者離開時感嘆這一切多麼美妙而振奮人心（無產階級的參加者離開時說法就不同了）。另外還有郊外的偽君子，是威廉・摩瑞斯（William Morris）時期的殘留物，但仍然多得令人吃驚。他們到處宣揚：為什麼我們要降低標準？為什麼不提高標準？此外還提議要透過衛生、節育、文學等方面按他們的標準去「提高」工人階級。就連約克公爵（Duke of York，如今的國王喬治六世 King George VI）也創辦了一個一年一度的夏令營，讓公學裡的男學生們和貧民窟的男孩子們打成一片，暫時同聲同氣，很像「幸福家庭」[083]籠子裡的那些動物，一貓一狗，兩隻白鼬、一隻兔子，三隻金絲雀，在表演者的注視下，按兵不動，佯作和解。

　　我相信，所有這些為打破階級所做的自覺和自願的努力，都是一個嚴重的錯誤。有時候只是徒勞無功，如果展現了什麼明確的效果，往往只是加劇了階級偏見。這本是意料中的事。強作和平，在不同階級間建立不舒服、不自然的平等，有些感受本可以埋藏起來，結果卻在摩擦中浮出了水面。就如我說高爾斯華綏只要稍稍遭遇現實，感性主義者的觀點就會全盤改

---

[083]　Happy Family，維多利亞時期的一種街頭表演，很多小動物以整齊的動作進行表演。

變,站到自己的對立面去。一般的和平主義者一下就成了沙文主義者。中產階級的獨立工黨黨員贊成不分階級的社會,他們只要和無產階級保持距離就好。逼他們真正接觸無產者——例如,讓他們在週六的晚上和喝醉的搬魚工打一架——他們就能想起大部分普通中產階級的勢利。但是,大部分中產階級的社會主義者不太可能和喝醉的搬魚工打架,他們真要接觸工人階級,通常也就是接觸工人階級中的知識分子。但工人階級知識分子有兩種類型。有一種仍然是工人階級——照舊當著機械工、碼頭工,或者隨便什麼,懶得改變自己工人階級的口音和習慣,只是在閒暇時間「提升心智」,服務獨立工黨或者共產黨;還有一種則會改變自己的生活方式,至少表面如此,並拿到國家獎學金成功進入中產階級。前者是我們擁有的最優秀的一類人。

獎學金制度的自然結果就是:無產者要滲入中產階級,往往是透過文學界。你若正好是個體面人,想闖進文學界並不容易。現代英國的文學界,至少在高雅文學的範疇,是有毒的叢林,只有雜草才能生長茂盛。如果當個流行作家——例如偵探小說家,還可能做個文人雅士的同時也保持你的體面,但要寫陽春白雪,要在高傲的雜誌上有一席之地,你必須要投身於可怕的攀關係、走後門的過程。在高雅文學界,如果你真能「成功」,與其說是靠你的文學才能,不如說是靠全身心地投入

✦ Part Two　當人們渴望工作時，才是真正的解放

雞尾酒會，對上層人士拍馬屁「成功」的。這是樂於向爬出自身階級的無產者敞開大門的世界。

工人階級家庭的「聰明」男孩，贏得了獎學金，但顯然不適合做一輩子體力勞動工作的男孩，或許能找到其他進入上層階級的辦法，例如透過工黨政治晉升，但文學一途要常見得多。倫敦文學界現在充斥著無產階級出身、靠獎學金接受教育的年輕人，他們遠不能代表他們的階級，不幸的是，當資產階級出身的人終於成功地與無產階級平等相見時，他見到的往往是這樣的人。本來資產階級對無產階級一無所知，於是將其理想化，結果他反而更加勢利。你若是位旁觀者，就會覺得這個過程有時非常滑稽。可憐的、好意的資產階級，渴望擁抱他的無產階級兄弟，張開雙臂迎上前去，不過一會，他就在被借走五英鎊後打了退堂鼓，哀怨地喊道：「但是，該死，這傢伙真不夠紳士！」

在這樣的接觸中，讓資產階級感到慌亂的是，發現自己的某些口頭主張被當真。我說過，普通「知識分子」的左翼觀點大多虛偽。他們嘲弄自己實際上相信的東西，就拿公學的榮譽準則來說，它講究「團隊精神」和「適可而止」，還有一整套這樣大家耳熟能詳的假話。自稱「知識分子」的人都感到可笑，但若是外人說可笑就不同了，就像我們一輩子都在痛罵英格蘭，但若聽見外國人也在罵就暴跳如雷。《每日快報》的「海灘

浪人」[084]把公學寫得很幽默。他認為把打牌作弊當作最大罪狀的準則太過荒唐,但要是他自己的朋友被抓到打牌作弊,「海灘浪人」還會這麼認為嗎?我表示懷疑。只有當你遇上了不同文化背景的人,你才會開始意識到你自己的信仰究竟如何。你若是資產階級「知識分子」,就會輕易以為,你有辦法變身非資產階級,因為嘲笑愛國主義、英國花園、校友領帶[085]、布林普上校[086]等一切很容易。

但無產階級「知識分子」至少真正出身於資產階級文化之外,從他的角度,你和布林普上校的相似之處或許遠比你們的差異重要。很可能他把你和布林普上校視為幾乎同樣的人,某種意義上他是對的,儘管你和布林普上校都不肯承認。所以,當無產階級和資產階級真的相遇時,並不總是像失散多年的兄弟一樣親切地擁抱。這種相遇常常是不同文化間的碰撞,免不了要兵刃相見。

我一直在發現自己隱祕的信仰受到挑戰、而被逼得退回恐懼的保守主義之中的資產階級的角度來談此事。但還必須考慮無產階級「知識分子」生出的敵意。透過自己的努力,有時還

---

[084] 1919～1975年間,英國作家莫頓(J.B.Morton,1893～1979)以「海灘浪人」的筆名在《每日快報》上發表了一系列幽默專欄。
[085] 英國公學的畢業生有校友領帶,說明校友身分。
[086] 漫畫家大衛・勞(David Low)創作的一個漫畫人物,是個易怒的沙文主義者,形象滑稽。

✧ Part Two　當人們渴望工作時,才是真正的解放

經歷了可怕的痛苦,他從自己的階級奮鬥進入了另一個階級,本以為會找到更廣的自由和更大心智的精進。可是他找到的常常只是一種空洞、一種死寂、一種人情溫暖的缺失——並不真實的生活。有時資產階級對他而言只是一群蠢貨,血管裡流的是錢和水而不是血。幾乎任何一個無產階級出身的年輕雅士都會沿著這條思路和你談話。因此出現了我們現在飽受困擾的「無產階級」話術。每個人都知道這一套說法,資產階級「死了」[087],資產階級文化破產了,資產階級的「價值觀」令人不齒,諸如此類。你看看《左翼評論》或讀任何一個年輕的共產主義作家,比如阿利·布朗、菲利普·亨德森等。其中很多人的誠意值得懷疑,但 D.H. 勞倫斯,他的想法確實真誠。他一遍遍闡述著同樣的思想。他說英國資產階級全都死了或至少是被閹割了。《查泰萊夫人的情人》裡面的守林人梅勒斯(實際就是勞倫斯自己),抓住機會擺脫自己的階級;另一方面,儘管在一定程度上他也與資產階級打成一片,在他看來卻半死不活,是一群閹人。查泰萊夫人的丈夫是真正生理意義上的性無能,有其象徵意義。還有那首寫那個年輕人(又是勞倫斯自己)的詩,他「爬到了樹頂上」,但下來時唱道:

哦,你一定是個猴子,

才爬得上那棵樹!

---

[087]　當今最流行的罵人畫,效果非凡,因為沒有意義。

階級間的對立與合作

你對堅實的大地已經沒了用處，

也不再是曾經那個小伙子。

你坐在高枝上，胡言亂語，

趾高氣揚。

他們哼哼唧唧又叨叨，

卻沒有一個字，

發自他們的肺腑，小伙子，

都是他們胡編亂造的。……

我告訴你，他們遇到了點事情，

上面那些小母雞，

牠們裡面沒有一隻公的。

沒有比這更直白了。或許勞倫斯說的「樹頂上」的人，僅僅是指那些年收入兩千英鎊以上的、真正的資產階級，但我懷疑。更可能的是，他是指所有多少屬於資產階級文化的人 —— 所有從小說著裝腔作勢的口音，住在有一兩個僕人的房子裡的人。從這裡你就了解到「無產階級」話術的危險 —— 我是指，了解到它能夠引起的可怕敵意。因為當你遭遇這樣的指責時，你面對的是一道白牆，根本無計可施。勞倫斯說，因為我上過公學，所以我是個閹人。好吧，我可以舉出醫學證明來反駁，但勞倫斯的刁難依然存在。如果你告訴我，我是個惡

◆ Part Two 當人們渴望工作時，才是真正的解放

棍，我還可以想辦法改正，但如果你告訴我，我是個閹人，你就是在引誘我用一切辦法還擊。如果你想樹立一個敵人，那就告訴他說他的病無藥可醫。

　　於是，這就是大多數時候無產階級和資產階級碰頭的最後結果：暴露出真實的敵意，是「無產階級」話術加重了這種敵意，而這話術本身就是強逼不同階級接觸的產物，唯一的辦法是慢慢來，不要求快。如果你自命紳士，自認比蔬菜店裡跑腿的夥計高一等，那就照實說，不要說謊。你最後會忘記你的勢利，但在你真正準備好之前假裝忘記是致命的。

　　同時，處處可見一個令人沮喪的現象——資產階級的人二十五歲時是熱心的社會主義者，三十五歲時就成了趾高氣揚的保守黨。某種意義上，他的退縮非常自然——至少可以看出他的思路如何演變。或許，不分階級的社會並不意味著我們全都和以前完全一樣，只是沒了階級仇恨、沒了勢利這樣一個幸福的局面。或許它意味著一個黯淡的世界，我們所有的理想、準則、品味——事實上，我們的「意識形態」——都沒了意義。或許破除階級這件事並不像看起來那麼簡單！相反，這可能是走入黑暗的瘋狂冒險。我們以滿含愛意，儘管略顯屈尊的微笑歡迎我們的無產階級兄弟，可是看哪！我們的無產階級兄弟——以我們對他們的理解來看——並不想要我們的歡迎。當資產階級以這種形式來看待時，便會拔腿逃跑，要是跑

得夠快,可能就投靠了法西斯主義。

創作背後的社會責任

同時,社會主義又是如何呢?

毋庸贅言,此時此刻,我們正處於嚴重的混亂之中,嚴重到連最駑鈍的人也很難對此渾然不覺。我們生活的世界,沒有人是自由的,也幾乎沒有人是安全的,保持誠實等於幾乎保不住性命。因為,大批工人階級的生活條件如此窘迫,而且這種條件不可能出現根本性的改善。英格蘭工人階級所能希望的最好情形,就是某個產業能因為人為刺激而減少失業。就連中產階級,也有史以來第一次感到了痛苦。他們還沒領略過真正的飢餓。不過,他們越來越發現,自己在沮喪的羅網中掙扎,越來越難以說服自己是快樂、活潑、有用的。就連頂層的幸運兒——那些真正的資產階級,也時不時地意識到下面人的悲慘處境而為此困擾,將來可能更為凶險。這不過是剛開始,這個國家仍然富有,尚有一百年的家底。還有什麼樣的恐怖正在暗自醞釀著——那是我們在這個遮風擋雨的小島上還從未見識過的恐怖。

同時,所有有腦子的人都知道,社會主義作為一套世界體

✧ Part Two　當人們渴望工作時，才是真正的解放

　　制，只要全心全意地實施，就是一條出路。即使不完美，至少能保證我們吃飽穿暖。確實，從某個角度看，社會主義是如此基本的常識，有時甚至令我驚訝，它居然還沒有建立起來。世界是在太空中航行的一艘小船，帶有充足的補給，有可能能夠養育所有人。我們必須同舟共濟，保證每個人都負起自己那份責任，也分得自己那份補給。這個道理非常清楚，除非有人居心不良，才會想守住現有的制度。但我們必須面對的事實是，社會主義非但沒有前進，還明顯在後退。當下，幾乎各地的社會主義者沒等法西斯屠戮就已經退縮了。事態發展之快令人咋舌。就在我下筆時，西班牙法西斯武裝就在轟炸馬德里，很可能未及本書付梓，我們就又多出一個法西斯國家。更別提法西斯控制地中海，可能導致英國的外交政策被墨索里尼（Benito Amilcare Andrea Mussolini）把持。我關心的是這個事實：社會主義正在失去它本該拿下的陣地。儘管優勢明顯，每一張餓肚皮都是社會主義的論據，但社會主義的理念卻不如十年前那樣廣為人們接受。現在，一般有思想的人非但不是社會主義者，還積極反對社會主義。這主要歸咎於錯誤的宣傳方式。這意味著，以現在這種方式呈現出來的社會主義，存在某種令人不快的東西——這東西把本應支持社會主義的人趕走了。

　　社會主義者，尤其是正統的馬克思主義者，帶著高人一等的微笑告訴我，社會主義將會透過某種所謂「歷史必然」的神

祕過程自然實現。可能這種看法已經在發生。因此，各個國家的共產主義者試圖聯合他們過去多年都在破壞的民主勢力。此時，我們亟須弄清社會主義吸引力消退的原因。把現在對社會主義的排斥草率歸結為愚昧和不良居心的產物是沒用的。如果你想消除這種排斥，你就必須了解他，也就是進入反對社會主義者的頭腦，或者至少以同理心看待他的觀點。不經過公正的辯證，就無法真正解決任何案件。因此，弔詭地，要保衛社會主義，反而先必須攻擊它。在前三章中，我試圖分析了我們過時的等級制度造成的困難。我還要再次觸及這個話題，因為我相信，現在急於求成地、愚蠢地處理階級問題，會把大量潛在的社會主義者嚇到法西斯陣營裡去。在後面的一章中，我想討論某些讓敏感的心靈疏遠社會主義的深層觀念。但是本章中，我只想談談那些基本的反對意見──有些反對意見可能顯得膚淺或自相矛盾，但沒有關係，我只是陳述症狀。任何有助於說清為什麼社會主義不為人接納的事情都可以。請注意，我是在聲援社會主義，而非反對它。但是現在，我要唱反調。我要代表那些贊成社會主義的基本目標、心中明白社會主義「行得通」，但行動上總是一提到社會主義就逃之夭夭的那類人。

問問這類人，你常常會得到有些表面的回答：「我不反對社會主義，但我確實反對社會主義者。」這在邏輯上根本不通，但很多人深以為是。就像基督教的支持者，替社會主義進

✧ Part Two　當人們渴望工作時，才是真正的解放

行最糟糕的宣傳。

任何旁觀者的第一印象就是，社會主義發展成的這種形式，是一套完全局限於中產階級的理論。典型的社會主義者並不像一般人們想像的那樣，是一個穿著油膩膩的工人裝，粗聲粗氣、面目凶惡的工人。他要麼是個年輕勢利的布爾什維克，很可能不到五年就娶了有錢人改信羅馬天主教；要麼，更典型的是，一個拘謹的小個子男人，做著一份白領工作，通常是祕密的禁酒主義者，常有素食主義傾向，有新教背景，最重要的是，有個他捨不得失去的社會地位。這後一種人在各個社會主義團體中非常普遍，或許是從以前的自由黨那裡直接轉過來的。除此以外，凡是社會主義者聚集之處，都存在著可怕的、真正令人不安的怪人。有時，人們形成了這樣的印象，光是「社會主義」和「共產主義」這兩個詞，就能像磁鐵一樣，吸引著英格蘭所有喝果汁[088]的人、裸體主義者、穿羅馬鞋的傢伙[089]、性慾狂、貴格教徒、信奉「自然療法」的冒牌醫生、和平主義者以及女權主義者。今年夏天裡的某一天，我搭車經過萊奇沃斯，這時巴士停了下來，上來兩個模樣可怕的老頭。他

---

[088]　指不喝酒光喝果汁的人，這些人都代表了當時來看怪異的新思潮，被普通人視為異類。

[089]　Sandal-wearer，羅馬鞋是古羅馬風格的涼鞋，多由鞋底和簡單的線條組成，材料多為皮製。羅馬鞋一方面具有宗教意義，耶穌及其信徒、僧侶、朝聖者都常穿。另一方面，到歐威爾時代，穿羅馬鞋的多是一些具備了生活方式標新立異、外表邋遢隨便、追求環保等新思潮、有左翼傾向、自命道德高尚這樣特徵的人群，但被周圍人視作怪胎、無趣之人。

們六十歲左右，身材短小、紅潤圓胖，都沒戴帽子。其中一個禿頭，顯得猥瑣，另一個留著灰白的長髮，剪成勞合・喬治[090]（David Lloyd George）的髮型。他們穿著淡草綠色的襯衫和卡其短褲，褲子被碩大的屁股撐得鼓起來，你都能看清每一條皺褶。他們的出現在巴士上激起一陣輕微的騷動。我旁邊的那個人，我敢說是個旅行業務員，看看我，又看看他們，又看向我，嘟噥一聲「社會主義者」，就像在說「印第安鬼子」。他大概沒說錯──自由工黨當時正在萊奇沃斯舉辦夏季學校。但關鍵在於，對他、對普通人來說，怪人就等於社會主義者，社會主義者就等於怪人。他大概覺得，任何社會主義者一定都有些古怪，而且在社會主義者團體裡也似乎存在這種觀念。例如，我這裡有一張另一所夏季學校的入學簡章，列出了每週的安排，然後問我是素食者還是一般飲食。他們理所當然地認為有必要問這個問題。這種事本身就足以讓人們疏遠。而且人們的直覺也有道理，因為從定義來看，飲食怪人是指願意自絕於人類社會以期苟延五年性命的人，也就是，一個缺少普通人性的人。

　　此外，你還必須加上一個醜陋的事實，大多數中產階級的社會主義者，一面在理論上嚮往不分階級的社會，一面又死抓著他們殘存的社會威風不放。我仍記得我第一次參加自由工黨

---

[090]　David Lloyd George（1863～1945），英國自由黨領袖。

✧ Part Two　當人們渴望工作時，才是真正的解放

在倫敦的支部會議時那恐怖的感覺[091]。我想著，難道這些卑鄙小人就是工人階級的領導人嗎？因為那裡的每個人，無論男女，全都帶著最深的中產階級高人一等的傲慢烙印。如果一個真正的工人，例如一個剛從礦井上來的髒兮兮的礦工，突然走到他們中間，他們會尷尬、憤怒、噁心，我敢說，有些人還會捏著鼻子逃跑。社會主義文學中你也可以看到同樣的傾向，即使沒有公然表示出那種高高在上，它們在用字遣詞和思維方式上也是全然脫離工人階級。柯爾夫婦[092]、韋伯夫婦[093]、斯特雷齊[094]等人都不算真正的無產階級作家。現在是否真有可稱之為無產階級文學的東西存在值得懷疑。就連《工人日報》也是用標準的南方英語寫成的。一個優秀的音樂喜劇演員都比我所能想到的任何社會主義作家更善於創作這種文學。至於共產主義者的術語，簡直和數學教科書的語言不相上下。我記得聽過一位職業共產主義演說家對工人階級的聽眾演講，講得文縐縐的，句子太長，贅詞又多，一句一個「固然如此」、「即使這般」，更別提那些常見的術語，什麼「意識形態」、「階級意識」、「無產階級大團結」，諸如此類。他講完後，一個蘭開夏

---

[091]　或許在北方會大不一樣，因為北方的資產階級更為分散。
[092]　指喬治·科爾（1889～1925）及其夫人瑪格麗特·科爾，社會主義作家，也創作了很多偵探小說。
[093]　指悉尼·詹姆斯·韋伯（1859～1947）及其夫人貝特麗絲·韋伯，社會主義作家。
[094]　指約翰·斯特雷齊（1901～1963），英國工黨政治家，作家。

的工人站起來，用他們自己的大白話對眾人講話。兩個人中誰更接近聽眾毫無疑問，但我一點也不認為那個蘭開夏工人是個正統的馬克思主義者。

　　因為，必須牢記，工人，只要他還是真正的工人，就很少或絕不會是完全的、前後邏輯一致的社會主義者。很可能他會投票給工黨，甚至有可能也會投給共產黨，但他的社會主義理念和紙上談兵的社會主義高層大相逕庭。對那種週六晚上出現在酒吧裡的普通工人而言，社會主義不過意味著薪資更高、工時更短，沒人對你頤指氣使罷了。對於那種更具革命性的、參與飢餓遊行而被僱主列入黑名單的工人而言，社會主義這個詞是對壓迫勢力的戰鬥號角，是在隱隱威脅將來要使用暴力。但是，就我的經驗來看，沒有哪個真正的工人理解社會主義的深層內涵。以我之見，他常常比正統馬克思主義者更不愧為社會主義者，因為他記得，社會主義意味著公正和廣泛的體面，而其他人常常忘記。但他不明白的是，社會主義不僅僅是「經濟公平」，巨大的改革必然還是會對我們的文明和他自身的生活方式造成巨大的改變。他對社會主義的願景就是去除當今社會最惡劣的弊端，而利益還是圍繞著和現在一樣的那些——家庭生活、酒吧、足球、當地政治。至於馬克思主義的哲學層面，像仙人摘豆[095]的戲法一樣神祕的三則抽象概念——正

---

[095]　原文為 pea-and-thimble，是一種魔術。

✧ Part Two　當人們渴望工作時，才是真正的解放

題、反題和合題，我從沒見過一個對此稍有興趣的工人。當然，確實有很多工人階級出身的人成了理論型的社會主義者。但他們從來沒有擁有工人的身分，也就是說，他們沒有用自己的雙手勞動。他們要麼屬於我上一章提到的透過文學界鑽進了中產階級的那類，要麼是當了工黨議員或高層工會官員的那類。他被選出來為自己的同伴奮戰，對他而言，這是個輕鬆的差事，是「提高」自己的機會。他不僅是與資產階級鬥爭，而且透過與資產階級鬥爭使自己變成了一個資產階級。同時，他很可能繼續當著正統馬克思主義者。但我還沒見過哪個煤礦工人、鍊鋼工人、紡織工人、碼頭工人、挖土工人之類「意識形態」是過硬的。

共產主義和羅馬天主教的一個相似之處在於，只有「有水準的人」才能完全繼承正統。英格蘭的羅馬天主教徒[096]最驚人的一點就是他們強烈的忸怩作態。他們顯然從沒想過、筆下也絕沒寫過，自己是羅馬天主教徒這個事實之外的任何事。就這一個事實，還有由此造成的自誇，構成了天主教文人的全部手段。但這些人真正有意思的地方是，他們挖掘正統的種種內涵，不放過生活中的任何細枝末節。就連你喝的酒水，似乎也有正統和異端之分，因此卻斯特頓和「海灘浪人」等才發動

---

[096]　我不是說真正的天主教徒，是說後來改信的，羅納德·諾克斯、阿諾德·盧恩之流。

創作背後的社會責任

反對喝茶、提倡啤酒的運動。據卻斯特頓說,喝茶是「異教所為」,喝啤酒是「基督教正宗」,而咖啡是「清教徒的鴉片」。這個理論的不幸在於,天主教徒大量參與了「禁酒」運動,全世界最嗜喝茶的就是愛爾蘭天主教徒,但我感興趣的是這種心態,宗教上黨同伐異,就連飲食也不放過。工人階級的天主教徒從不會言行一致到這般荒唐的地步。他不會花時間糾結於自己是羅馬天主教徒的事實,也不會特別介意非天主教的鄰居和自己不同。告訴利物浦貧民窟裡的愛爾蘭碼頭工人,他那杯茶是「異教」,他一定罵你是傻瓜。就算在更嚴肅的問題上,他也並非總是遵照自己的信仰行事。在蘭開夏郡的羅馬天主教家庭,你會在牆上看到十字架,在桌上看到《工人日報》。只有「有水準的人」,尤其是文人,才容易拘泥不化。共產主義也是大同小異。真正的無產階級身上從來看不到純正的教條。

不過,或許可以說,即使紙上談兵的理論社會主義者自己不是工人,但至少對工人階級的愛激勵著他。他立志甩掉自己的資產階級地位,和無產階級並肩作戰——顯然,他的動機一定是這樣。

真是這樣嗎?有時我看著一個社會主義者——那種著書傳道的知識分子社會主義者,穿著套衫,頭髮蓬亂,滿口馬克思主義語錄——不禁好奇他真正的動機究竟是什麼?難以相信這動機是出自對哪個人的愛,尤其是對工人階級這種在所

✧ Part Two　當人們渴望工作時，才是真正的解放

有人中與他最不相干的人的愛。很多社會主義者的隱藏動機，我相信，僅僅是過度膨脹的秩序感。他們不滿目前的情形，不是因為哀鴻遍野，更不是因為毫無自由，而是因為沒有秩序，他們最根本的願望，是把世界簡化成如棋盤一樣的東西。就以蕭伯納這種終生不渝的社會主義者的戲劇來說，其中展現了多少對工人階級生活的理解甚至覺察？蕭伯納自己就說，你只能把工人「作為同情的對象」搬上舞臺。實際上，他甚至連這一點也沒做到，而僅僅把他們當作一種 W.W. 雅各布斯式[097]（William Wymark Jacobs）的滑稽角色──那些毫無新意的東區人[098]，就像《巴巴拉少校》和《布拉斯龐德上尉的轉變》裡的那些。他對工人階級的態度頂多是《笨拙》那樣竊笑的態度，更嚴重的時候，例如《錯因緣》中那個象徵著流離失所階層的年輕人，他僅僅覺得他們可鄙又噁心。貧窮造就的思維習慣，是要從上而下消除的，如有必要還需藉助武力，甚至也許藉助武力更好。因此，他崇拜「偉大」人物，愛好獨裁、法西斯或共產主義，因為對他而言[099]，史達林（Joseph Jughashvili Stalin）和墨索里尼幾乎可以等量齊觀。悉尼・韋伯（Sidney James Webb）的自傳更不自覺地將造訪貧民窟的社會主義者的

---

[097]　指 William Wymark Jacobs（1863～1943），英國作家，創作過很多諷刺小說和恐怖小說。
[098]　指倫敦東區聚集的窮苦人民。
[099]　參見他關於義大利-阿比西尼亞戰爭和史達林-威爾斯之間對話的評論。

高傲心態暴露無遺。事實是，對很多自稱社會主義者的人來說，革命並不是一項他們願意參與的大眾運動，它意味著一套「我們」聰明人要加諸「他們」下等人的改革。另一方面，把紙上談兵的社會主義者視為毫無感情的冷血動物也不正確。儘管他很少表達對被剝削者的熱愛，卻非常善於表現對剝削者的憎恨——一種奇怪的、理論性的、憑空而來的憎恨。因此才出現了社會主義者抨擊資產階級的光榮傳統。說也奇怪，幾乎任何一個社會主義作家都無一例外地出身於資產階級，卻輕而易舉地挑動自己對生於斯長於斯的階級暴跳如雷。有時對資產階級習性和「意識形態」的憎恨波及太廣，就連書裡的資產階級人物也遭殃。根據亨利・巴布斯[100]（Henri Barbusse）的觀點，普魯斯特（Marcel Proust）、紀德（Gide）等人小說中的人物是「會在街壘戰中積極站到對立面去的人物」。你注意，是「街壘」。從《炮火》來看，我會認為巴布斯的街壘戰經驗會令他厭惡街壘。不過虛構的「資產階級」的刺刀，想必不會還擊，終究那不是實物[101]。

批評資產階級的文學作品，我至今見過最棒的書是米爾斯基[102]的《大不列顛的知識分子》。這是一本十分有趣、寫法高明的書，凡是想理解法西斯主義崛起的人，都該讀一讀。米

---

[100] 法國革命作家，法國共產黨員，代表作有反戰小說《炮火》、《光明》等。
[101] 意為諷刺巴比塞欺負書裡的虛構人物沒法還擊，所以占便宜罵他們充英雄。
[102] Mirsky（1890～1939），俄國作家。

✦ Part Two　當人們渴望工作時，才是真正的解放

爾斯基曾是親王，一個白俄的流亡者，來到英格蘭，在倫敦大學當了幾年俄國文學講師。後來他改信共產主義，回到俄羅斯，寫了這本書，從馬克思主義者的角度「揭露」了英國的知識分子。這本書言辭惡毒，字裡行間明顯透露著「現在你們抓不著我了，我想怎麼批評你們都行」的力量。不僅整體上歪曲事實，還有一些很可能有意為之錯誤的表述。例如，不只說康拉德（Joseph Conrad）是「和吉卜林一樣的帝國主義者」，還把勞倫斯描述成寫「赤身裸體的黃色書籍」，而且「成功抹去了所有他出身於無產階級的蛛絲馬跡」——好像勞倫斯是個爬進了上議院的殺豬屠夫似的！想到這種東西的受眾是沒有辦法考核其準確性的俄國人，真是令人憂心。但我現在考慮的是這樣的書對英格蘭民眾的影響。這是一個貴族出身的文人，一個大概一輩子也沒和工人平等地說過一次話的人，也在惡毒地尖聲誹謗他的「資產階級」同儕。為什麼？表面來看，純粹因為心地惡毒。他在與英國知識分子抗爭，那他的原因是什麼呢？書中並沒有說明。因此，這種書就是讓外人以為共產主義除了仇恨別無他物。這一點上，你再一次發現共產主義和（改信的）羅馬天主教之間的相似之處。如果你想找一本和《大不列顛的知識分子》一樣壞心的書，最好去流行的羅馬天主教教義辯護文件裡面找找。你會發現同樣的惡毒和錯誤，儘管，要說態度惡劣，天主教還略遜一籌。怪哉，米爾斯基同志的精神兄弟竟是

創作背後的社會責任 ✧

神父！共產主義者和天主教徒說的東西不同，某種意義上甚至恰恰相反，要是找到機會，彼此都會很樂意讓對方下油鍋，但從局外人的角度來看，他們真是如出一轍。

　　事實就是，現在呈現出來的社會主義形式，主要是吸引不怎麼樣、甚至沒有人性的人。一方面，熱心、不動腦子的社會主義者，典型的工人階級社會主義者，只想消除貧困，有時卻不明白真正的意義。另一方面，也有紙上談兵的知識分子社會主義者，了解這就是要丟棄我們現在的文明，也很願意這樣做。首先，這類人完全來自中產階級，而且是在城市中漂泊無根的那部分中產階級。更不幸的是，它包括了我一直在討論的這類人──在局外人看來甚至像完全由這類人組成──口沫橫飛地抨擊資產階級者，以蕭伯納為榜樣的要給啤酒多加水的改革者，還有忙於社交文藝、趨炎附勢的狡猾年輕人，現在是共產主義者，五年後就能趕時髦去做法西斯。更有自視甚高的婦女、穿羅馬鞋的傢伙、喝果汁的大鬍子，這一大幫無聊的人全都如同綠頭蒼蠅嗅到死貓似的，循著「進步」的氣味蜂擁而至。同情社會主義核心目標的普通體面人便產生了一種印象，以為他這種人在任何正經的社會主義政黨裡都沒有一席之地。更糟的是，他得出了憤世嫉俗的結論，認為社會主義就是末日，或許就快來臨，但一定要盡量拖延下去。當然，正如我之前所說，以其支持者來判斷一項運動是不公平的，但問題是人

◆ Part Two　當人們渴望工作時，才是真正的解放

們全都這麼做，社會主義者被看成愚鈍或討厭的人，影響了人們對社會主義通俗觀念的認知。「社會主義」被想像成讓誇誇其談的社會主義者如魚得水的局面。如果提得出策略，普通人或許不會畏懼無產階級專政；要是說成道學先生（不知變通、迂腐的人）專政，他就要奮起反抗了。

有一種普遍的認知，認為任何實現了社會主義的文明和我們自身文明之間的關係，就像一瓶殖民地產的新釀勃艮第和幾勺上等薄酒萊紅酒的關係。誠然，我們生活在破敗的文明之中，但它曾經是偉大的文明，有些地方幾乎仍繼續繁榮著。可以說，它仍然散發著它的酒香，而想像中的社會主義的未來就像殖民地產的勃艮第，只有鐵和水的味道。因此出現了這個災難性的事實：任何略有成就的藝術家都無法被說服，不肯入社會主義者之彀。

作家尤其如此，因為比起其他藝術家，作家的政治觀點與其作品有著更為直接而明顯的連繫。如果面對事實，就必須承認，一切稱為社會主義文學的玩意都沉悶、乏味又糟糕。想想英格蘭此刻的處境。一整代人從小就對社會主義觀念耳熟能詳，然而，社會主義文學所謂的高水準線居然是 W.H. 奧登[103]（Wystan Hugh Auden），一個膽小的吉卜林[104]，甚至和他來往

---

[103]　Wystan Hugh Auden（1907～1973），公認的著名英語詩人，生於英國，後成為美國公民。
[104]　歐威爾後來算是收回了這個評價。參見《英格蘭，你的英格蘭》中〈鯨魚之中〉

的是比他更孱弱的詩人。每一個功成名就的作家,每一本值得一讀的書都不是社會主義文學。我真心希望,在俄國情況會不同——不過,我對俄國一無所知——因為俄國已經經過革命洗禮,想必狂風暴雨的時局將會催生某些富有生命力的文學作品。但西歐社會主義絕對沒有創造什麼值得擁有的文學。不久以前,在情況尚未明朗時,有些比較重要的作家自稱社會主義者,但他們是把這個詞當作一個模糊的標籤。因此,如果易卜生(Henrik Johan Ibsen)和左拉(Zola)自稱社會主義者,這和說他們是「進步人士」差不多,至於安那托爾・佛朗士(Anatole France),這不過意味著他反對教會干政。真正的社會主義作家宣傳喉舌,總是無趣蠢笨、滿嘴空話的傢伙——蕭伯納、巴布斯、厄普頓・辛克萊(Upton Sinclair)、威廉・摩瑞斯(William Morris)等等。我當然不是說社會主義是因為不受文人雅士喜歡才被詬病,我甚至不認為一定要為了文學本身來創作文學,儘管我確實認為寫出來的歌不值一唱不是個好現象。我只是指出,真正有才華的作家往往對社會主義漠不關心,有時還刻意攻訐、滿懷惡意。這是個災難,不僅對這些作家來說如此,對迫切需要他們的社會主義事業更是如此。

這就是一般人畏懼社會主義的淺顯原因。我對這整個無聊的爭論十分了解,因為我了解雙方觀點。我在這裡說的每件

一文。

✦ Part Two 當人們渴望工作時,才是真正的解放

事,既是對試圖使我皈依的熱心的社會主義者說的,也是對我試圖使其皈依的不耐煩的非社會主義者說的。整個問題歸根結柢,就是因為討厭社會主義者個人,尤其是那種自以為是、言必稱馬克思的傢伙,而對社會主義產生了不爽。被這種事影響是不是幼稚?是不是笨?是不是甚至令人鄙夷?都是,但關鍵在於,這是人之常情。

機器文明的悖論

然而,還有一種比我上一章討論的區域性的、暫時的反對意見嚴重得多的難題。

面對聰明人常常站到了對立面這個事實,社會主義者喜歡把原因歸結為自覺或不自覺的不良居心,或者歸因為對社會主義「行不通」的無知看法,又或是害怕在社會主義制度建立起來之前、革命時期的恐懼與不適。毫無疑問,這些都很重要,但有很多人根本沒受這些影響,卻還是敵視社會主義。他們畏懼社會主義的理由是精神上的,或者說「意識形態」上的。他們的反對並不是因為它「行不通」,而恰恰是因為它太「行得通」了。他們害怕的不是將在他們有生之年發生的事情,而是在遙遠的將來,社會主義成為現實之後發生的事情。我極少見

機器文明的悖論 ✧

到堅定的社會主義者能夠明白，有思想的人可能會反感於社會主義的走向。尤其是馬克思主義者，他們不屑地把這種事情歸為資產階級杞人憂天。馬克思主義者往往不太善於解讀他們對手的心理，如果他們能解讀的話，歐洲現在的情況就不會這麼危急。他們因為掌握了一個似乎能解釋一切的技巧，就懶得去探尋其他人腦中在想些什麼。我現在舉個例子，有一個信者甚眾的理論說，法西斯是共產主義的產物——某種意義上這是真的——在討論它時，N.A. 霍達威先生[105]（Neville Aldridge Holdaway），這位我們擁有的最有才華的馬克思主義者之一，寫道：

> 共產主義導致法西斯主義這一古老傳言……其中有一絲真相，那就是：共產主義活動的出現，警醒了統治階級，民主的工人黨派已經無法再約束工人階級了，資本主義專政要存活下去，就必須採取另一種形式。

從這裡你就能看出這種想法的缺點。因為他發現了促成法西斯主義的深層經濟原因，所以就預設精神層面的問題並不重要。法西斯被簡單地認為是「統治階級」的操縱，根本上來說也確實如此。但這只能解釋為什麼法西斯主義對資本家有吸引力。那麼，那數百萬不是資本家的人，那些在物質方面從法西斯那裡撈不到好處也常常明白他們撈不到好處的人，怎麼也成

---

[105] Neville Aldridge Holdaway（1894～1954），英國馬克思主義理論家、教師。

✦ Part Two　當人們渴望工作時，才是真正的解放

了法西斯呢？顯然，他們會親近法西斯主義純粹是意識形態的結果。他們只能被嚇得逃向法西斯主義，因為共產主義攻擊、或者像是攻擊了某些東西（愛國主義、宗教等），這比經濟動機更為深層。從這個意義上說，共產主義導致法西斯主義完全正確。遺憾的是，馬克思主義者幾乎總是專注於經濟，而非意識形態，某種意義上確實揭示了真相，但也蒙受了損失，那就是他們的大部分宣傳都沒說到重點上。在這一章，我要討論的就是對社會主義在精神上的畏懼，尤其是敏感的人們所表現的畏懼。我必須詳細分析，因為它流傳極廣，影響極大，而幾乎完全為社會主義者所忽視。

　　首先要注意的是，社會主義這個概念和機器生產的理念有著很大的關聯。社會主義本質上是屬於城市的主義，多少是和工業化相伴而生的，總是扎根於城市無產階級和城市知識分子。但它究竟有沒有可能出現在工業社會之外。保證了工業化，社會主義思潮自然會出現，因為只有在每個個體（或者家庭和其他單位）至少能勉強自給的情況下才能忍受私有制，但工業化的效果是，誰都無法自給自足。工業化一旦超越了某個階段，必然會導致某種形式的集體制。當然不一定導致社會主義，也可能導致奴隸政權，法西斯就是奴隸國家的前兆。反之亦然。機器生產促成社會主義，社會主義作為世界體制也會激發機器生產，因為它要求某些與原始的生活方式不相容的東

西。例如,它要求世界各地不斷地互相交流、貨物交換;它要求一定程度的中央掌控;它要求全人類的生活標準大略一致,很可能還需要有某種一致的教育。因此,我們可以認為,任何實現了社會主義的世界,至少要像今日的美國一樣高度機械化,甚至更高程度的機械化。不管如何,社會主義者都不會想否認這一點。社會主義世界總是被描繪成一個完全機械化、極具組織性的世界,像古代文明依賴奴隸一樣依賴著機器。

很多有思想的人不喜歡機器文明,但人人都知道,今時今日根本不可能不需要機器。但不幸的是,社會主義的呈現往往與機械進步綁在一起,如宗教一般,機械進步不是作為一項必須的發展,而成了終極的目的。例如,大多數寫蘇聯機械快速進步(聶伯河大壩、拖拉機等等)的宣傳內容裡都暗含了這個觀念。在《萬能機器人》恐怖的結尾中,卡雷爾‧恰佩克把這一點表現得淋漓盡致:機器人屠殺了最後一個人類成員,宣布它們的目的 —— 建更多房子(你看,僅僅是為了建房子)。最樂於接受社會主義的那些人,也正是對機械進步本身滿懷熱情的那些人。情況之普遍,使得社會主義者常常無法看到還有相反的觀點存在。他們能想到的最動人的說辭,常常就是告訴你,比起社會主義建立以後我們將看到的,當今世界的機械化根本不算什麼。現在有一架飛機的地方,將來能有五十架!所有現在要手工製作的工作,到時都讓機器做,所有現在用皮

✦ Part Two　當人們渴望工作時，才是真正的解放

革、木材或石頭製成的東西，將來都用橡膠、玻璃、鋼鐵替代，再也沒有混亂、沒有疏漏、沒有蠻荒、沒有野生動物、沒有雜草、沒有疾病、沒有貧窮、沒有痛苦等等。社會主義世界首先是一個有序的世界、一個高效能的世界。但敏感的心靈所畏懼的恰恰是這種閃閃發光的威爾斯[106]（H. G. Wells）式世界的未來願景。請注意，這種實質讓人腦滿腸肥的「進步」，並非社會主義信條的基本內涵，但人們多是這樣看待，結果，由於所有人內心都潛伏著不時發作的保守主義，略一挑動，就開始反對社會主義了。

每個敏感的人都有過懷疑機械、甚至懷疑自然科學的時候。但敵視科學和機械常存在不同的動機，所以釐清各種動機很重要，並且不要在意現代文人雅士的嫉妒，他們厭惡科學是因為科學搶了文學的風采。我最早接觸到的長篇大論攻擊科學和機械的文章，是《格列佛遊記》[107]的第三部分。但史威夫特（Jonathan Swift）的攻擊，雖然堪稱精妙絕倫的傑作，卻不中肯甚至愚蠢，因為是從一個缺乏想像力的人的角度來寫的，或許這樣批評《格列佛遊記》的作者似乎不妥。對斯威夫特，科學不過是一種徒勞的扒糞[108]，機器都是沒有意義的奇技淫巧，永

---

[106]　H. G. Wells（1866～1946），英國著名小說家，尤以科幻小說創作聞名於世，作品多描繪未來科技高度發達的美好世界。

[107]　喬納森・斯威夫特（1667～1745）所作的遊記體諷刺小說，用豐富的想像、離奇的情節諷刺了當時英國的社會現實。

[108]　典出班揚（John Bunyan）《天路歷程》（*The Pilgrim's Progress*），小說中有一位

遠發揮不了作用。他的標準講求實用，但缺乏遠見，不明白或許此刻沒發現用途的實驗，將來可能結出成果。在書中另一個地方，他說最好的一項成就是「原本只長一片葉子的青草長出兩片葉子」，他顯然不知道，這正是機器能做的。沒過多久，被鄙視的機器開始大顯神通，拓寬了自然科學的範圍，出現了著名的科學與宗教之爭，造成前輩們唇槍舌劍。爭端結束，雙方各退一步，各稱獲勝，但反科學的偏見仍然殘留在大多數宗教信徒的腦海中。整個 19 世紀，反對科學和機械的聲音不絕於耳（例如狄更斯的《艱苦時代》），但常常是出於工業化初期殘忍又醜陋這個膚淺的理由。塞繆爾・巴特勒[109]（Samuel Butler）在《埃瑞璜》（《*Erewhon*》）的文章中對機器的攻擊另當別論。但巴特勒自己生活的時代沒有我們這個時代那麼絕望，在那個時代，也許有人雖對科學一知半解，而這事情對他則像是一種智力訓練。他十分清楚，我們可憐地依賴著機器，但人們懶得探求依賴的後果，而寧願誇大其詞。只有在我們這個時代，機械化已經獲得最後勝利以後，我們才真正感受到，機械將完全使人的生活變得無法想像。凡是有思想、有感情的人，都會偶爾看著鋼管椅，認為機器是生活的敵人。然而，這種常常是直覺多於理性的感覺。

扒糞者，手拿糞耙，緊盯地面，目不旁視，看不到任何美好的事物，滿目都是地上的穢物。

[109] Samuel Butler（1835～1902），英國著名作家，代表作有《眾生之路》。

✧ Part Two　當人們渴望工作時，才是真正的解放

　　人們知道，某種意義上，所謂「進步」是個謊言，但他們是透過一種思維跳躍直接得出這個結論的。我在這裡則要提供被省略掉的邏輯步驟。但首先必須問一問，機器的功能是什麼？顯然，它的首要功能就是節省人工，完全接受機器文明的人基本上認為這就是最後的答案。以下引述約翰・比弗斯在《沒有信仰的世界》中的話。他是這麼說的：

　　說今天平均一週賺兩英鎊十先令四便士的人比不上十八世紀的農場工作者，或者比不上任何現在或過去的純農業社會的勞工或農民，明顯是蠢話。大聲歌頌躬耕隴畝的文明，說它勝過大型火車工廠或汽車工廠的作用，真是該死的愚蠢。我們做工作是因為我們不得不做，做工作的理由都是為了創造悠閒，並盡量享受這份悠閒。

　　還有：

　　人類將會有足夠的時間、足夠的能力尋找自己的人間天堂，而不用憂心那個超自然的天堂。世間將會變成一個無比美妙的地方，讓神父和牧師都沒多少故事可講。只要一記俐落的重擊，他們肚子裡一半的存貨都要被打得吐出來。

　　比弗斯先生書中的整個第四章都是這個意思，它的意義在於，以最徹底的粗俗、無知、幼稚的形式展現了機器崇拜。這是大部分現代世界的真實聲音。每一個在郊區吃著阿斯匹靈的人，都會熱烈附和。注意，有人會說他祖父的生活強過他，

說如果我們回到更簡單的生活方式,他可能不得不從事體力工作來強健筋骨時,比弗斯先生刺耳地怒號(「明明不——是——的!」等等)。你看,做工作是「為了創造悠閒」。悠閒之後呢?想必悠閒之後會變得更像比弗斯先生吧。不過事實上,照這條思路說的「人間天堂」,你大可猜到他想要的文明是什麼樣子:一種天長地久,並越來越大、越來越嘈雜的萊昂斯轉角餐廳[110]。任何在機器世界如魚得水的人寫的任何書——例如 H.G. 威爾斯的任何一本書裡,你都能找到同樣的段落。我們經常聽到,那總是聽見的激昂話語——機器,我們新的奴隸,解放了人類,諸如此類。顯然,對這些人來說,機器唯一的危險就是被用於破壞性的目的,例如在戰爭中的飛機。除了戰爭和無法預見的災難,想像中,機械發展在未來就是爆發性的發展。機器節省人力,機器節省思想,機器節省痛苦,乾淨、高效能、有組織,更乾淨、效能更高、更有組織、更多機器——直到你最後來到人們耳熟能詳的威爾斯式烏托邦,小胖子的天堂,赫胥黎在《美麗新世界》中以高明的諷刺這一切。當然,在他們未來的白日夢中,小胖子既不胖也不小,他們是「神一樣的人」。但他們為什麼會這樣?所有機械進步的宗旨都在越來越具高效能,因此,最後走向了一個事事無差錯的世界。但在一個事事無差錯的世界中,很多威爾斯先生視

---

[110] Lyons Corner House,萊昂斯開辦的超大型連鎖餐廳,第一家於 1909 年設於科芬特里街的轉角處。

✧ Part Two　當人們渴望工作時，才是真正的解放

為「神一樣」的水準，例如，《神一樣的人》和《夢》[111]中的人表現得勇敢、慷慨、體格強健。但在一個生理危險已經不復存在的世界中（顯然機械進步有助於消除危險），身體還需要勇敢嗎？此外，一個根本不需要體力勞動的世界還要保持體格強健？至於忠誠、慷慨等品格，在一個事事無差錯的世界裡，不僅無意義還無法想像。真相是，很多我們欽佩的人類素養，只在應對某種災難、痛苦或困難時才發揮作用，而機器進步的趨勢注定要消除災難、痛苦和困難。《夢》和《神一樣的人》這樣的書，假設力量、勇氣、慷慨等素養繼續留存，是因為這都是優秀品性，是健全的人類所必備的屬性。那麼，想必烏托邦的居民會製造人為的危險來磨礪他們的勇氣，並做各項鍛鍊來強健他們永遠不必使用的肌肉。你從這裡就能看出，進步的觀念中常常出現巨大的矛盾。機械進步的趨勢是讓你的環境安全、安逸，而你又竭力保持自己勇敢強健。你一面奮勇向前，一面又拚命退縮。這就好像一個倫敦的股票經紀人穿著鎖子甲[112]上班，還堅持用中世紀的拉丁文說話一樣。歸根結柢，擁護進步也是在擁護落伍。

同時，我是假設機械進步會讓生活安全、安逸。這可能有待商榷，某些最近的機器發明可能造成看似相反的效果。就拿

---

[111]　威爾斯的兩部作品。
[112]　古代戰爭中使用的一種金屬鎧甲，鐵環串連做成的「鐵布衫」。

機器文明的悖論

馬匹改變為汽車來說,乍看之下,人們可能會說,考慮到交通事故造成的巨大傷亡,汽車似乎並沒有真的讓生活更安全。而且,要在煤渣路上做一流的駕駛,可能和做馴馬師或參加國家賽馬大賽一樣不易。不過,所有機械的發展趨勢都是越來越安全,越來越易於操作。如果我們認真解決道路規劃的問題,事故的危險就會消失,我們遲早也會這麼做;同時,汽車已經發展成熟,上幾堂課後誰都可以開車。就算是現在,開好車所需要的勇氣和技巧,也遠比騎好馬需要的少多了,不出二十年,可能就根本不需要什麼勇氣和技巧了。因此,應該說,就社會整體而言,從馬到車的轉變確實增加了人類的安逸。這時,又有人提出了另一項發明,比如飛機,乍看之下也不像是讓生活更安全。第一批開飛機上天的人真是勇猛無比,即使在今天,當飛行員也需要超凡的勇氣,但和之前一樣的趨勢依然在發揮作用。就像汽車一樣,飛機也將變成傻瓜飛機,成千上萬的工程師幾乎都不自覺地朝著這個方向努力。最後可能飛行員開起飛機來需要的技巧和勇氣會和嬰兒坐搖籃車差不多。目標是這樣,儘管可能永遠無法完全實現。一切的機械進步都是,也必然是朝著這個方向發展。機器進化得越來越高效能,也就是越來越簡單。因此,機械進步的目標就是一個傻瓜都明白的世界 —— 這倒不是說這是住滿傻瓜的世界。威爾斯先生很可能會反駁說,世界永遠不可能變得讓傻瓜都明白,因為,不管你

◆ Part Two 當人們渴望工作時,才是真正的解放

達到多麼高效能的標準,前方總有更大的挑戰。例如[113],當你把我們的星球做得稱心如意後,就要開始前往並「殖民」另一個星球的偉業了。但這不過是把目標進行不斷推廣,目標本身還是一樣。殖民另一個星球,機械進步的流程再一次重複,你只是把傻瓜世界變成了傻瓜太陽系、傻瓜宇宙。你把自己與機械高效能的理想綁在一起,就是把自己和安逸的理想綁在一起。但安逸令人反感,因此所有的進步都被視為一場瘋狂的奮鬥,是在向一個你希望並祈禱不要實現的目標奮鬥。你偶爾遇見一個人,他明白所謂的進步也包含了所謂的退步,然而他還是希望進步。因此,在蕭伯納的烏托邦裡,把福斯塔夫[114]作為第一個為懦弱說好話的人,為他立了一座雕像。

但問題遠遠比這大得多。目前為止,我只是指出了追求機械進步而又保持機械進步後不再需要的品性是多麼荒謬。需要考慮的問題是,有沒有哪項人類活動是不會被機器稱霸破壞的。

機器的功能是節省人力。在一個完全機械化的世界,所有乏味的工作都將由機器代勞,我們則得以從事更有趣的追求。這種說法,聽起來真是太美妙了。明明可以輕易設計出某種機器,幾分鐘內就把土剷出來,卻看到六個人汗流浹背地挖溝埋水管,真令人痛心。為什麼不讓機器來做,讓人去做點別

---

[113]　這是維爾斯先生最喜歡的想法 ── 都不知道他誇誇其談時用過多少次了。
[114]　莎士比亞戲劇《亨利四世》和《溫莎的風流婦人》中的一個喜劇人物,好色淫蕩、膽小怕死。

機器文明的悖論

的呢？但這下問題來了，讓他們去做什麼呢？想來，讓他們不必「工作」，是為了讓他們做點「工作」以外的事。但什麼是工作，什麼又不是工作呢？挖土、騎馬、釣魚、打獵、餵雞、植樹、砍樹、攝影、煮飯、縫紉、做木工、彈鋼琴、修房子、修帽子、修摩托車，是工作嗎？所有這些，對某些人來說是工作，對某些人則是玩樂。實際上，極少有某種活動既劃為工作又歸為玩樂的，全看你如何看待。勞工不用挖土了，你可能會想把自己的閒暇或者部分閒暇用來彈鋼琴，而職業鋼琴家可能只想出去透透氣，在馬鈴薯田裡挖挖土。因此，把工作視為不可忍受的乏味事情，而把非工作視為某種令人嚮往的事情，這樣的對立是錯誤的。真相是，無論吃、喝、睡、做愛、說話、玩遊戲，或僅僅是閒逛──這些事情並不足以填滿一生時間──人一旦放縱夠了，他就需要工作，往往還自找工作做，儘管他可能不會稱其為工作。只要不是傻瓜，人們大部分生活還是要在努力中度過。因為人不像下流的享樂主義者想的那樣，是一種會走路的酒囊飯袋，他還有手有眼有頭腦。不再使用你的手，你就砍了自己的一大塊意識。現在，再想想挖溝埋水管的那六個人。機器代替他們挖土，他們就要找些別的消遣──比如做木工。但不管他們想做什麼，都會發現有另外一種機器讓他們不必做了。因為在一個完全機械化的世界中，不再需要挖土，也同樣不需要做木工、煮飯、修摩托車等等。

✧ Part Two　當人們渴望工作時，才是真正的解放

從捕撈鯨魚到雕刻櫻桃核，有什麼是機器不能做的？機器甚至會蠶食我們如今歸類為「藝術」的活動 —— 它已經在透過攝影機和廣播這麼做了。將世界盡其所能地全盤機械化，不管你往哪裡走，都會有某種機器切斷你工作的機會 —— 也就是你生存的機會。

乍看之下，這似乎不重要。為什麼你不能丟下那些為你代勞的機器而去從事你的「創造性工作」呢？但這不是像聽起來這麼容易的。比如說，我在一間保險辦公室裡一天八小時地工作，閒暇時間我想做點「創造性」的事情，於是選擇做木工 —— 例如替我自己做張桌子。注意，這整件事從一開始就有一點刻意的意味，因為工廠可以為我生產一張桌子，遠比我自己做的要好。但即使我做了桌子，我對它也可能沒有一百年前的家具木工對他的桌子那樣的感受，更不可能有魯賓遜・克魯索（Robinson Crusoe）對他的桌子的感受。因為在我開始之前，機器就已經替我做好了大部分工作。我所用的工具不需要太多技巧。例如，我可以用刨子刨出任何造型，一百年前的家具木工卻不得不用鑿刀、圓鑿來做，這要求真正的手眼技巧。我買的木板是已經刨好的，桌腳也已經用車床車好。我甚至可以走到木材店裡，買齊所有現成的桌子組件，只要組裝一下就行，我的工作就被簡化為釘幾個釘子、磨幾下砂紙。如果現在情況就已經像這樣，那麼在機械化的未來就更遠甚於此。那時

機器文明的悖論

工具和材料都唾手可得,也不可能出現錯誤,因此技藝也就再無用武之地。做個桌子將變得比削馬鈴薯還要容易和乏味。這樣的情況下談什麼「創造性工作」都是廢話。不管怎樣,手工藝(需要學徒傳承的那類)到時候早就消失了。有些已經在機器的競爭下消失了。隨便參觀一下哪個墓園,幾乎已找不到西元 1820 年以後精雕細刻的墓碑。這門石雕藝術,確切地說是手藝,已經滅絕得如此徹底,要想重振得要幾個世紀。

但可能有人要說,為什麼不保留機器的同時也保留「創造性工作」呢?為什麼不作為業餘愛好培養一些傳統的技藝?很多人都抱有這個想法,解決機器造成的問題看來如此容易。我們聽說,烏托邦的市民們每天在番茄罐頭加工廠兩小時,就回到家,自願地回歸一種更加原始的生活方式,做點浮雕雕刻、陶瓷上釉或手工紡織的工作,撫慰自己的創造本能。這幅圖景為什麼荒誕?—— 它當然荒誕。因為有一個原則,人們有時不清楚,卻總是依此行事:只要機器在那裡,人就有義務要用。只要能擰開水龍頭用水,就沒人從水井裡打水。旅行的事情能提供很好的說明。所有在不先進國家以原始方式旅行過的人都知道,那種旅行和搭火車、汽車的現代旅行之間,有著天差地遠的差別。那些行李放在駱駝背上或牛車上,自己步行或騎馬的游牧民族,他旅行時是活生生的人,而對於昂貴的火車或豪華的遊輪上的乘客來說,他的旅途是一種中止,一種暫時的死

◆ Part Two　當人們渴望工作時,才是真正的解放

亡。然而只要鐵軌存在,人就不得不使用火車旅行──或者汽車、飛機。比如我,距離倫敦四十英哩,當我要去倫敦時,為什麼不把行李放到驢背上,徒步兩天出發呢?因為,當巴士每隔十分鐘從我身旁呼嘯而過時,徒步的旅途會討厭得難以忍受。要是想享受原始的旅行方式,就必須是其他方式都無法使用。沒有人想用不必要的累贅方式辦事。因此,烏托邦人用雕浮雕來拯救靈魂的圖景是荒謬的。在一個萬事皆可以由機器來做的世界,萬事都會由機器來做。自願回歸原始方法,使用古老工具,替自己新添愚蠢的小麻煩,是矯揉造作、附庸風雅、狡黠匠氣的淺薄之舉。這就像莊重地坐下來用石器吃飯一樣。

　　在機器時代回歸手工,就像是回到牆上釘著假梁木的老字號茶葉店或都鐸風格的小別墅。

　　那麼,機械進步的趨勢,注定要妨礙人類對努力和創造的需求。它讓手眼活動變得沒必要,甚至不可能。「進步」的信徒有時會說這沒關係,但你可以指出長此以往會發展到什麼樣的可怕地步,使他啞口無言。例如,到底為什麼要用你的手──就連擤鼻子和削鉛筆這樣的事情,也不必用。為什麼還要用手?你可以在你的肩膀上固定某種鋼鐵和橡膠做的精巧裝置,任你的雙臂萎縮成兩段皮包骨的殘肢吧?每一個器官、每一項機能無不如此。真的沒有理由讓人們除了吃喝、睡覺、呼吸、生殖以外做任何事,其他任何事都可以讓機器代勞。因

此，機械進步的邏輯終點，就是把人類變成瓶中大腦一樣的東西。這就是我們正在邁進的目標，儘管我們不想變成那樣，就像每天喝一瓶威士忌的人，並不是真想得肝硬化。「進步」的隱含目標，說是瓶中大腦並不準確，但至少是某種極度非人的安逸和無助，令人膽寒。不幸的是，在幾乎所有人的頭腦中，「進步」一詞和「社會主義」一詞現在已密不可分。厭惡機器的人也自然而然地厭惡社會主義，社會主義者總是支持機械化、理性化、現代化，或者至少認為自己應該支持它們。例如，就在最近，一位自由工黨黨員難以啟齒地對我坦承他「喜歡馬」，好像這不是什麼光彩的事情。你看，馬屬於已經逝去的農業化的過去，所有對過去的懷戀都帶著隱隱的異端氣息。我認為不必如此，但事實上就是如此。這本身就足以解釋，體面人為何對社會主義敬而遠之。在上一代，每個聰明人在某種意義上都是革命分子。如今，說每個聰明人都是反動分子更貼切些。值得把H.G. 威爾斯的《當沉睡者醒來》和三十年後阿道斯·赫胥黎的《美麗新世界》從這種關係上做比較。兩者都描述了悲觀的烏托邦，構想出一種道學先生的天堂，所有「進步」人士的夢想都得以在此實現。僅僅從想像的建構來考慮，我認為《當沉睡者醒來》更勝一籌，但它存在大量的矛盾，因為威爾斯作為「進步」的大教士，寫起反對「進步」的文章來絲毫無法令人信服。他描繪了一幅光怪陸離的世界圖景：特權階層過著一種淺薄怯

✧ Part Two　當人們渴望工作時，才是真正的解放

懦的享樂生活，工人們遭到徹底的奴化和非人的漠視，像穴居人一樣在地底洞穴中辛苦勞動。稍稍確認一下這個想法——在《時空傳說》[115]一個短小精悍的短篇裡，這個想法得到了進一步發展——人們就會看出它的矛盾之處。因為在威爾斯想像的這樣一個無限機械化的世界裡，為什麼工人們會比現在工作更辛苦呢？機器的趨勢顯然是要消除勞動，而非增加勞動。在機器世界裡，工人們可能被奴役、被虐待，甚至忍饑挨餓，但他們必定不會受無盡勞累之苦。那樣一來，機器還有什麼用呢？你可以讓機器做所有的工作，要麼讓人類做所有的工作，但兩者不可兼得。地下的工人大軍，穿著藍制服，說著含糊的半人類語言，只是為了增添一種「讓你毛骨悚然」的感覺。威爾斯試圖暗示「進步」可能走上了歧途，但他唯一願意想像的就是不平等——某個階級占據了全部的財富和權力，顯然出於純粹的惡意壓迫著其他人。他似乎在暗示，推翻特權階層——實際上，就是從世界性的資本主義轉向社會主義——就萬事 OK 了。機器文明還要繼續，但它的成果要平等共享。他不敢面對的想法是，機器本身可能就是敵人。因此，在他其他更加明顯的烏托邦小說裡（《夢》、《神一樣的人》等），他恢復了樂觀，憧憬著人類被機器「解放」，成為一個智慧的種族，晒著日光浴，唯一的話題就是他們比祖先們優越之處在哪裡。

---

[115]　威爾斯的一個科幻短篇集。

機器文明的悖論

《美麗新世界》成書較晚，屬於看破了「進步」謊言的一代人。它也自有其矛盾之處（其中最重要的，在約翰·斯特雷齊的《即將來臨的權力鬥爭》中有指出），但至少對腦滿腸肥式的十全十美做了一次令人難忘的攻擊，儘管有些諷刺誇張，卻很可能道出了大部分有想法的人對機器文明的感受。

敏感的人對機器的敵意，某種意義上說是不切實際的，因為機器已經站穩了腳步，這是明顯的事實。但作為一種心態，卻是很有道理的。我們必須接受機器，但可能最好是勉強而懷疑地接受，像接受藥物那樣接受它，機器有用、危險、易養成依賴。人越是屈服於它，就越是被它抓得緊緊的。你只要看看你的周圍，就會明白機器是以怎樣邪惡的迅雷之勢將我們收入股掌之中。首先是一個世紀的機械化造成品味可怕的墮落。這是很顯而易見的變化。此外，對美食的品味，在高度機械化的國家，多虧了罐頭食品、冷藏食品、合成香料等等，味蕾幾乎失去了作用。看看任何一家蔬果店，你就會發現，來自美國或澳洲，大多數英國人所謂的蘋果，像一團塗得鮮亮的棉花，他們願意大吃這些東西，看樣子還津津有味，卻任由英國的蘋果爛在樹上。吸引他們的，是這種漂亮的、標準化的、像機器做出的美國蘋果；他們偏偏注意不到英國蘋果美好的味道。或者看看隨便哪家雜貨店裡，工廠製作、鋁箔紙包裝的起司和「混合」奶油；看看那一排排罐頭，在所有食品店、甚至乳品店裡

✧ Part Two　當人們渴望工作時，才是真正的解放

占據越來越多的空間；看看六便士的蛋捲或兩便士的冰淇淋；看看人們以啤酒的名義灌下喉嚨的那些化學副產品。不論在哪裡，都會看見味同嚼蠟、華而不實的機器製品戰勝了美味的老式產品。食物如此，家具、房子、衣服、書籍、娛樂，我們環境中的其他東西莫不如此。現在有好幾百萬人，對他們來說，比起牛羊的低哞和百鳥的歡唱，廣播的嗚嗚隆隆聲不僅更易接受，而且是更加正常的聲音背景。喜歡這種生活方式的人還在不停增加。世界的工業化要長遠發展，品味甚至舌尖上的味蕾，就得跟著墮落，不如此的話，大多數機器產品就沒人要了。在一個健康的世界，沒人要罐頭食品、阿斯匹靈、留聲機、鋼管椅、機關槍、報紙、電話、汽車等等；另一方面，會不斷需要機器無法生產的東西。但是同時，機器就在這裡，它的腐化效果幾乎不可抗拒。人們痛罵它，卻繼續使用它。哪怕是野蠻人，若有機會，也會在幾個月內學會文明的惡習。機械化導致品味敗壞，品味敗壞導致對機器製品的需求，因此導致進一步機械化，於是形成了惡性循環。

不僅如此，不論我們願不願意，世界的機械化似乎還有自動發展的趨勢。這是因為現代西方人的機械發明能力已經被培養起來，已經幾乎到了本能的程度。人們幾乎在不自覺地發明新機器，改進現有機器，猶如夢遊者在睡夢中也會繼續走路一樣。在過去，人們理所當然地認為，這個地球上的生活是艱苦

機器文明的悖論

的，至少是勞累的，似乎命中注定要繼續使用祖先們笨拙的工具，只有少數百年一遇的怪咖會提出創新，因此，漫漫千百年，牛車、犁耙、鐮刀這類東西基本上毫無變化。據記載，從遠古時代就在使用螺絲釘，卻直到19世紀中葉才有人想到改成尖頭，之前好幾千年都是平頭螺絲釘，必須先鑽個孔，然後才能插進去。在我們的時代，無法想像這種事情。因為幾乎每個現代西方人都有一定程度的發明能力，西方人發明機器就像玻里尼西亞人游泳一樣自然。派件工作給西方人，他馬上就開始設計機器來代勞；給他一臺機器，他就會想辦法改進它。我完全理解這種習慣，因為我自己就有這種思維，我既無耐心，也無機械技巧，設計不出什麼有用的機器，但我眼前始終浮現著，可以說是可能出現的各種機器的鬼影，想利用它們幫我省掉用腦、用力的麻煩。具有機械天賦的人很可能就會造出些特殊機器運轉起來。但在我們現在的經濟體制下，他造不造它們——或者說，別人能不能有所受益——取決於它們是否具有商業價值。因此，社會主義者有一句話這麼說：一旦社會主義建立起來，機械進步的速度會突飛猛進。有了機械文明，發明和改造的過程將一直持續，但資本主義卻傾向於減緩這個速度。因為在資本主義制度下，任何無法承諾即時收益的發明都被無視，實際上，有些可能收益不彰的發明還會受到壓制，就

✧ Part Two　當人們渴望工作時，才是真正的解放

如佩特羅尼烏斯（Petronius）提到的彈性玻璃[116]一樣。又如，幾年前有人發明了一種能用幾十年的留聲機針。一家大型留聲機公司買斷了這項專利，此後再沒任何消息了。建立社會主義，消除利益準則，發明者就能努力向前繼續做。世界的機械化已經夠快，但至少還可能大大加速。

但是，顯而易見，即使是現在，機械化的模式就已經失控了。機械在發展僅僅是因為人們養成了這個習慣。化學家完善合成橡膠的新方法，或者機械工程師設計活塞插銷的新樣式。為什麼？沒有什麼清楚的目的，僅僅是因為發明和改進的衝動，這如今已成了本能。安排一個和平主義者去炸彈工廠工作，不到兩個月，他就會設計出一種新炸彈。因此出現了像毒氣這種就連它們的發明者也不認為對人類有益的邪惡之物。我們對毒氣這類東西的態度，應該是大人國國王[117]對火藥的態度，但因為我們生活在機械和科學的時代，我們養成了這個觀念：不論如何，「進步」必須繼續，知識永遠不能受到壓制。毋庸置疑，我們口頭上都同意，機器為人服務，而不是人服務機器。實際上，任何對機器發展的反思審視，在我們看來都是對知識的攻訐，因此是一種褻瀆。即使全人類都突然反對機

---

[116] 佩特羅尼烏斯（Petronius）記錄的一個傳說：羅馬皇帝提比略的一個工匠發明了彈性玻璃，獻給提比略。這種玻璃摔在地上不會碎，而是像金屬一樣凹進去。提比略得知沒有其他人知道這個玻璃的製作方法，立即殺害了這名工匠。

[117] 指《格列佛遊記》中的巨人國（Brobdingnag）。格列佛想把火藥獻給巨人國國王，以示友善，但國王對此物十分害怕，立即拒絕了。

器，決定回到更簡單的生活方式也難如登天。像巴特勒的《埃瑞璜》那樣，砸掉某個日期之後發明的所有機器是沒用的，我們還必須砸掉那種思維習慣，不然砸完舊機器，馬上就會不自覺地發明起新機器。而我們所有人都至少有一絲這樣的思維習慣。在世界上每個國家，科學家和技術員的大軍，還有緊緊跟隨他們腳步的其他人，都在沿著「進步」的大道，像一列螞蟻那樣盲目地固執前進。希望此事發生的人相對較少，很多人積極地希望這不要發生，然而這就在發生中。機械化的模式本身已經成了一架機器，一輛巨大的閃光列車載著我們呼嘯向前，我們無法確知它奔向哪裡，但很可能是奔向軟綿綿的威爾斯式世界，奔向瓶中大腦。

這就是反對機器的思路。它有沒有道理不重要。關鍵是，每個敵視機器文明的人，都會重複這套說辭。而且很不幸，由於在眾人的腦海之中存在於「社會主義 —— 進步 —— 機器 —— 俄國 —— 拖拉機 —— 乾淨 —— 機器 —— 進步」這條邏輯關係，同樣的人往往也會敵視社會主義。討厭中央供暖和鋼管椅的人，一樣聽見你提社會主義，就嘟囔一聲「蜂巢國家」，然後帶著痛苦的表情走開。據我觀察，很少有社會主義者明白為什麼會這樣，甚至不知道是這樣。把那些誇誇其談的社會主義者拉到角落裡，把我這章說過的話複述一遍給他聽，看看他會如何回應。實際上，你會得到幾個答案。我實在太熟

✧ Part Two　當人們渴望工作時，才是真正的解放

悉了。

　　首先，他會告訴你，不可能「回去」，或者不可能「推回進步的大手」。好像人類歷史上，進步的大手被猛力推回過好幾次似的！然後會指責你是個中世紀遺老，並開始歷數中世紀的恐怖之處，痲瘋病、宗教法庭等。實際上，大多數現代主義信徒對中世紀及整個歷史的攻擊都不切題，因為他們的招數是把一個現代人 —— 他的潔癖，他對舒適的高標準都投射到一個根本沒聽說過這些東西的時代。但是不管怎麼說，這算不上答案。因為討厭機械化的未來絲毫不等同於對過去任何一個時期的推崇。D.H. 勞倫斯比中世紀遺老聰明，選擇以伊特魯里亞人[118]為理想，而我們對他們知之甚少。但甚至沒有必要以伊特魯里亞人、佩拉斯基人[119]、阿茲特克人[120]、蘇美人或任何其他銷聲匿跡的浪漫民族為理想。人們描繪一種令人嚮往的文明時，只是把它作為目標來描繪的，沒有必要假裝它曾在何時何地出現過。說穿了就是，你一解釋說自己希望讓生活更簡單、更艱苦而非更安逸、更複雜，社會主義者就常常假定你想回到「自然狀態」：某個舊石器時代的洞穴，好像在刀耕火種和雪菲

---

[118]　Etruscan，伊特魯里亞是個處於現代義大利中部的古代城邦國家，古羅馬時期最為鼎盛。

[119]　Pelasgian，史前居住在希臘及小亞細亞一帶的人。

[120]　Aztec，墨西哥中部民族的一支，發源於狩獵聚集的部落，農業十分發達。其文明程度的最高峰處於 16 世紀初（西元 1521 年）西班牙的攻占時期。

爾的鋼鐵工廠之間，在獸皮小艇和瑪麗皇后號[121]之間，就別無他物了。

然而，最後你會得到一個更切題的答案，大致如下：「是的，你說的自有一套道理。毫無疑問，鍛鍊我們的身體，不要阿斯匹靈和中央供暖等，是非常高尚。但重點是你看，沒有人真的想這樣。這意味著回到農耕的生活方式，意味著非人的辛苦，你不想要辛苦——懂得辛苦含義的人都不想要。你會這麼說，只是因為你這輩子根本沒做過一天工作。」等等。

某種意義上這是真的。這等於說：「我們安逸——看在上帝的份上，就讓我們安逸下去吧！」至少很實際。正如我已經指出的，我們踏進了機器的五指山，要逃走是千難萬難。但這個答案實際上還是在逃避，因為它沒有說清楚，我們說「想」這樣「想」那樣到底是什麼意思。我是個墮落的現代半知識分子，如果清早不喝一杯茶，週五不看《新政治家》，我就會死。很明顯，某種意義上，我不想回到更簡單、更艱苦的生活，很可能是農耕生活。同樣意義上，我也不想減少喝酒、償還債務、做足夠的鍛鍊、對妻子忠貞等等。但從另一個更長遠的意義上講，我確實想做這些事，或許從這同樣的意義上，我想要一個不把「進步」定義為讓小胖子們過得更安全的文明。我列出的這些，幾乎就是我向社會主義者——紙上談兵的思考

---

[121] 著名郵輪，二戰期間往返大西洋。

✧ Part Two　當人們渴望工作時，才是真正的解放

派社會主義者——解釋他們是怎麼把可能的追隨者趕走的時候，我能從他們口中得到的僅有的論點。當然也有老套，就是不論人們喜不喜歡，社會主義終要來臨，就因為那一句「歷史必然」。但「歷史必然」，或者更確切地說是對這個「歷史必然」的信奉，也沒勝過希特勒。

同時，那些有思想的人，智識上往往為左翼，但性情上常常是右翼，徘徊在社會主義陣營的大門口。毫無疑問，他明白自己應該做個社會主義者。但他首先看到了社會主義者個體的愚鈍，然後觀察到社會主義的理想似乎很軟弱，於是離開了。直到不久前，他們都會自然地轉向冷淡主義。十年前，甚至五年前，典型的文人雅士還在寫書討論巴洛克建築，高尚的靈魂不屑於政治。但現在這樣的態度不一樣了，甚至不流行了。時局越來越嚴峻，問題越來越清楚，萬物恆常（也就是你的俸祿總是穩定的）的信念也不太流行了。文人雅士所騎的牆，曾經像大教堂隔間裡的長絨坐墊一樣舒服，現在卻令他如坐針氈，他越來越顯露出要選擇一邊的傾向。我注意到一個有趣的現象，那麼多十幾年前還在為藝術而藝術、追求自身價值，覺得連去大選投票都太庸俗、玷汙了文字的主要作家，現在卻採取了明確的政治立場。而大多數較年輕的作家，至少是那些小有成就的，則從一開始就有「政治性」。我相信，到了危急關頭，會有一種可怕的危險，那就是知識分子可能主要會倒向法

西斯主義。只是危急關頭何時到來還不知道,很可能取決於歐洲的事態,但可能兩年甚至一年之內,我們就會走到決定性的時刻。到那一刻,任何一個稍有頭腦或正義感的人,就會從骨子裡明白,他應該站到社會主義這邊。但他不一定會自發地過來,有太多古老的偏見在阻礙他。他需要被說服,在理解他的觀點前提下說服他。社會主義者再也浪費不起任何時間去對已經皈依的人傳道了。現在的工作是要盡快發展社會主義者,但常常,他們非但沒有這樣,反而在製造法西斯主義者。

我所說的英國法西斯主義,倒不一定指莫斯利[122](Oswald Ernald Mosley)和他那些追隨者。英國法西斯主義可能來得悄無聲息、面貌模糊(很可能,至少一開始,不會被稱為法西斯主義),而且對大多數英國人來說,帶有莫斯利印記的吉爾伯特(W.S.Gilbert)和沙利文式重騎兵[123],恐怕充其量只是一個玩笑。儘管就算是莫斯利也值得注意,因為經驗表明(參看希特勒(Adolf Hitler)、拿破崙的政治生涯),對一個政治野心家來說,在其生涯初期不被人當回事,有時是一項優勢。但我此刻考慮的是法西斯的心態,他們無疑是在爭取見識不高的人。知識界出現的法西斯是一種映像——實際上不是社會主義的

---

[122] 指奧斯瓦德·莫斯利爵士(Oswald Ernald Mosley,1896～1980),英國政治家,英國法西斯聯盟(BUF)的創立者。

[123] 指 W.S.Gilbert(1836～1911)和 Arthur Sullivan(1842～1900),兩人合作創作了十四部喜劇,〈重騎兵〉是吉爾伯特的一首詩,調侃重騎兵。

✧ Part Two　當人們渴望工作時，才是真正的解放

映像，而是一個貌似真實的、社會主義歪曲的翻版的映像。說穿了，它只是要和虛妄的社會主義者唱反調。如果你展現社會主義的角度具有誤導性──如果你讓人們以為，社會主義差不多等於在馬克思主義道學先生的指揮下，把歐洲文明倒進下水道──你就有把知識分子趕到法西斯主義那邊去的危險。你嚇得他採取一種憤怒的防禦態度，根本聽不進社會主義這一套。這樣的態度在很多人身上已經清晰可辨，包括龐德[124]（Ezra Pound）、溫德漢‧路易斯[125]（Percy Wyndham Lewis）、羅伊‧坎貝爾[126]（Roy Campbell）等作家，大部分羅馬天主教作家和很多道格拉斯信貸團體[127]人士、某些通俗小說家，甚至還有像艾略特及其無數追隨者這般高高在上的保守派高雅文人。如果你想要一個明白的例證來說明英格蘭漸趨高漲的法西斯情緒，就看看阿比西尼亞戰爭期間[128]無數寫給報社、支持義大利行動的來信吧，再聽聽法西斯在西班牙興起時，天主教和聖公會雙方牧師們[129]的歡呼雀躍。

要對抗法西斯主義，就必須了解它，也就意味著不僅要承認它有惡的一面，也有好的一面。當然它實際上只是一項臭名

---

[124]　Ezra Pound（1885～1972），美國意象派代表詩人。
[125]　Percy Wyndham Lewis（1882～1957），英國畫家、作家。
[126]　Roy Campbell（1901～1957），南非詩人。
[127]　即道格拉斯上校。
[128]　指1935～1936年間，義大利進攻衣索比亞，衣索比亞舊稱阿比西尼亞。
[129]　參看1936年8月17日的《每日郵報》。

昭彰的暴政，它獲取和把持權力的手段就連它最狂熱的信徒也不願談及。但隱藏的法西斯情緒，那最初把人們拖到法西斯陣營的情緒，可能沒有這麼卑鄙。《星期六評論》想讓人以為，這種情緒只是對布爾什維克魂飛魄散的恐懼，但有時並非如此。凡是稍稍注意過這項運動的人都知道，一般的法西斯主義者常常心懷好意 —— 例如，是真正迫切想為失業大眾謀福利。但法西斯的力量來自各種保守主義，對任何喜歡傳統和紀律的人，它已經有了現成的吸引力。聽了一堆社會主義宣傳後，你很容易會把法西斯主義看作歐洲所有優秀文化的最後一道防線。就算是法西斯最可惡的代表性惡霸，一手拿著橡膠警棍，另一手拿著蓖麻油瓶[130]時，也不一定覺得自己是個惡霸。他更有可能覺得自己像在勒瓦爾山口的羅蘭[131]，是在保衛基督教世界，抵禦蠻族。我們不得不承認，如果法西斯在各地推進，那這大部分是社會主義者自己的錯。部分要歸因於社會主義破壞民主的錯誤策略，這是在打掉你生存的根基，但更要歸因於，社會主義者可以說是突出了他們事業中錯誤的一面。他們從沒有說清楚社會主義的根本目標在於正義和自由。他們緊盯著經濟事實，在假設人沒有靈魂的基礎上發展，或明白或含蓄

---

[130] 在義大利大選中，法西斯匪徒威脅說，誰不投黑衫黨的票，重者將遭到致命的報復，輕者也要喝一杯蓖麻油。體質不好的人喝了會死亡。

[131] Roland，法國民族英雄，查理曼大帝的部下。西元778年8月5日，在一次戰役中，羅蘭擔當率領後隊，在通過庇里牛斯脈的勒瓦爾峽谷時，受到巴斯克人伏擊，英勇作戰，最終全軍覆沒。

✧ Part Two　當人們渴望工作時，才是真正的解放

地把物質性的烏托邦設為目標。結果，由於人們本能地對享樂和廉價的「進步」理念感到反感，法西斯得以利用這類本能，打扮成歐洲傳統的擁護者，訴諸基督教信仰、愛國主義、尚武精神。單單用「集體變態」之類的簡單幾句話把法西斯一筆帶過，不止沒用，更大大有害。如果你假裝這僅僅是一次偏差，不久就會自行過去，那你就是在做夢，等有人用橡膠警棍揍你的時候，你就會大夢初醒。唯一可能的辦法是研究法西斯，明白它有它的好處，然後讓世界明白，不論法西斯有什麼好處，它們也同樣蘊含在社會主義之中。

　　目前的情形非常危急。即使沒有更糟的事降臨到我們頭上，也有我在本書前面描述的那些情況，這在我們目前的經濟體制下是不會改善的。更緊急的是法西斯有統治歐洲的危險。除非社會主義學說能以有效的形式廣泛而迅速地傳播，否則可能永遠無法推翻法西斯。因為社會主義是法西斯要面對的唯一真正的敵人。資本主義 —— 帝國主義政府，即使自己將遭受掠奪，也不會懷著這樣的信念去與法西斯抗爭。我們的統治者中明白這個問題的，很可能寧願把大英帝國的每一寸疆土拱手讓給義大利、德國和日本，也不想看到社會主義勝利。

　　若我們以為法西斯主義是建立在歇斯底里的民族主義之上就容易一笑而過，因為顯然法西斯國家個個都把自己當成上帝的選民，當成對抗世界的愛國者，所以它們會互相殘殺。但這

樣的事情絕不會發生。法西斯現在成了國際性運動，意味著法西斯國家不僅可以為了劫掠的目的聯合起來，而且正在摸索，或許目前還只是半自覺地摸索一種世界體系。原本集權國家的構想正被替換為集權世界的構想。正如我之前指出的，機械技術的進步必然最終導致某種集體主義，但不一定非得是平等主義的形式，也就是說，不一定是社會主義。請經濟學家恕我直言，很容易想像這樣一個世界社會，在經濟上集體化──消除了利益準則──但一切政治、軍事、教育權都控制在統治者的小團體和他們的亡命之徒手中。這，或者類似於此的東西，就是法西斯的目標。這當然也是奴隸國家或者奴隸世界，它很可能成為一個穩定的社會形式。而且，考慮到如果能科學開發，世界將擁有巨大的財富，有可能奴隸們也會吃好穿好，心滿意足。通常說法西斯的目標是「蜂巢國家」，這真是大大冤枉了蜜蜂，說是白鼬統治兔子的世界更貼切些。我們必須聯合起來反對這種可怕的可能。

我們唯一能聯合起來支持的東西就是社會主義潛在的理想：正義和自由。但形容這個理想為「潛在」，還太客氣了。它幾乎被完全遺忘了。它已經被埋在了一層又一層教條道學、黨派之爭和幼稚的「進步主義」之下，簡直像一顆藏在糞土山裡的鑽石。社會主義者的工作就是再次把它發掘出來。正義和自由！必須讓這兩個詞像號角一樣響遍世界。過去很長時間，至

✦ Part Two　當人們渴望工作時，才是真正的解放

少十年，魔鬼占盡上風，我們已經到了每次一提「社會主義」，腦海中就浮現兩幅畫面的地步：一是飛機、拖拉機、玻璃水泥造的大工廠的畫面；另一個是鬚髮凋零的素食主義者、布爾什維克政委（半是惡棍半是留聲機）、穿著羅馬鞋的嚴肅女士、頭髮蓬亂、滿口複雜詞彙的馬克思主義者、漏網的貴格會教徒、控制生育的盲信者，還有工黨裡鬼鬼祟祟的懶人的畫面。社會主義，至少在這個島上，不再有革命和推翻暴君的氛圍了，它有的是古怪、機器崇拜和愚昧崇俄的氛圍。除非你能很快消除這種氣氛，否則就可能讓法西斯主義獲勝。

重拾人性與尊嚴

最後，有沒有什麼辦法呢？

在本書的第一部分，透過幾條簡短的雜記，我闡述了我們如今置身於怎樣的混亂之中；在第二部分，我盡力解釋了在我看來，為什麼唯一的補救方法，也就是社會主義，遭到了許多正常、正直的人所厭惡。顯然，接下來幾年最緊迫的需求就是趕在法西斯打出王牌之前，留住這些正常、正直的人。我不想在這裡提黨派和政治手段的問題。比任何黨派標籤都重要的（儘管僅僅法西斯的威脅就將很快促成某種人民陣線），是以有

效的形式將社會主義的要義傳播出去。人們必須做好準備，要像社會主義者一樣行動。我相信，儘管有無數人並未意識到，但實際上是贊同社會主義的核心目標的，只要能打動他們，就能不費吹灰之力地把他們爭取過來。凡是知道貧窮含義的人，凡是真心憎惡暴政和戰爭的人，都有可能站到社會主義這邊來。因此，我在這裡要做的，就是提議——必然只能泛泛而談——怎樣使社會主義和它那些較聰明的敵人和解。

首先，就敵人本身而言——我指的是所有明白資本主義邪惡，而一提到社會主義又會感到噁心、不寒而慄的人。我已經指出，這可以追溯到兩個主要原因。一個是很多社會主義者個人水準較低，另一個是社會主義常常和腦滿腸肥的罪惡「進步」觀念綁在一起，引起許多愛好傳統，或稍有審美的人的反感。讓我先來說說這第二點。

對「進步」和機器文明的厭惡在敏感的人中十分普遍，但這種心態只能說情有可原，而不足以作為排斥社會主義的正當理由，因為它假設的是一種並不存在的替代方案。當你說「我反對機械化和標準化，因此我反對社會主義」時，實際是說「只要我願意，我不要機器也沒問題」，這是胡說。我們全都依賴機器，如果機器停止工作，我們大部分人都會死。你可以討厭機器文明，但是目前根本不存在接受它還是排斥它的問題。機器文明已經形成，只能從內部批評它，因為我們都在這裡

✦ Part Two　當人們渴望工作時，才是真正的解放

面。只有不切實際的傻瓜才會大言不慚地說自己可以逃得掉。就像在都鐸風格的農舍裡，享用舒適浴室的文人雅士，還有拿著曼利夏步槍和四馬車罐頭食品跑到叢林裡過「原始」生活的莽漢。幾乎可以確定，機器文明必將大獲全勝。沒有理由認為它會自行毀滅或者自發地停止運作。過去一段時間，很流行說戰爭很快就要徹底「摧毀文明」，但是，儘管下一場全面大戰必定萬分恐怖，足以讓之前的所有戰爭都顯得如同兒戲，它卻絕不可能終止機械的發展。確實，像英國這樣極為脆弱的國家，或許還有整個西歐，可能會被幾千顆放置得當的炸彈攪得大亂，但目前無法想像什麼樣的戰爭能把所有國家的工業化同時一掃而空。我們可以認為，回歸簡單、自由、不那麼機械化的生活方式，不論多麼令人嚮往，也不會發生。這不是宿命論，只是面對現實。以反對「蜂巢國家」的立場來反對社會主義是沒有意義的，因為「蜂巢國家」已然形成。今時今日，不是要在人性和非人世界間選擇，僅僅是在社會主義和法西斯主義之間選擇，後者充其量不過是刪去了優點的社會主義。

　　因此，聰明人的要務不是拒絕社會主義，而是要把它人性化。一旦將來社會主義在某種意義上逐漸建立，那些能看透「進步」謊言的人很可能就會抵抗。實際上，他們這樣做有其特殊作用。在機器世界，必須有他們來做永遠的反對派，這不同於礙事者或是叛徒。但我這是在說將來。眼下，任何正直之士

唯一可能的路線，無論他是怎樣的保守黨還是無政府主義者，都必須為建立社會主義努力。再沒有其他東西能夠拯救我們於現在的水火或將來的夢魘之中。現在，在兩千萬英格蘭人民食不果腹，法西斯主義已經征服大半個歐洲的時候，反對社會主義就是自殺。

因此，重中之重是要擺脫反對社會主義的偏見，這僅僅是神經質的偏見，不具任何嚴肅的反對基礎。我已經指出過，很多人不是厭惡社會主義，而是厭惡社會主義者。現在呈現出來的社會主義，之所以沒有吸引力，大部分是因為它看起來，至少在外人看起來，像怪人、教條主義者、高談闊論的布爾什維克，諸如此類的玩物。但之所以如此，僅僅是因為怪人、教條主義者等占了先機，如果更多聰明人、更多體面人加入到運動中來，那些討厭的傢伙就不能繼續掌握局面了。眼下，我們只能不理他們，等這場運動人性化了，他們的影響就不再重要。我們必須為正義和自由而戰，別去理會那些胡言亂語，社會主義確實意味著公平和正義，也必須牢記這些本質。因為有一些社會主義者個人水準差，畏懼社會主義就和因為不喜歡查票員的臉而拒絕搭火車旅行一樣荒謬。

第二，就社會主義者本身而言——尤其是那些誇誇其談、著書傳道的社會主義者。

我們現在這個時刻，亟須各類左翼分子放下成見，團結一

✦ Part Two　當人們渴望工作時,才是真正的解放

心。實際上,這已經有了小幅度的進展。那麼顯然,更固執己見的社會主義者現在也必須聯合與自己意見不合的人。他之所以不願意這樣,常常是因為他看到了危險,害怕把整個社會主義運動稀釋成蒼白的謊言,甚至比議會上的工黨還缺乏實效。例如現在,法西斯很可能會促使成立人民陣線,但有一個很大的危險,那就是這條陣線可能根本不是真正的社會主義陣線,而僅僅是反對德、義法西斯的一個策略。因此,出於聯合反抗法西斯的需求,社會主義可能要和自己最可惡的敵人聯合起來。但是要遵循這個原則:只要你能突顯你運動的核心,就不存在和錯誤的人聯盟的危險。那社會主義的核心是什麼呢?真正的社會主義者的代表是什麼呢?我認為,真正的社會主義者就是希望——而且是積極地希望——看到暴政被推翻的人。但我猜大部分正統馬克思主義者不會或只能勉強接受這個定義。有時,當我聽到這些人談話,或是當我讀他們的書時,會有以下這樣的印象,對他們來說,整個社會主義運動不過是一場刺激的圍獵異端的活動。就像瘋狂的巫醫伴著手鼓的鼓點,和著「唷喃,嘿唷,我聞到了一個右翼分子的血的味道!」[132]的調子,跳來跳去。正是因為這樣,你會覺得,當你走進工人

---

[132] 原文為"Fee fi, fo, fum, I smell the blood of a right～wing deviationist!"仿照約瑟夫・雅各布(Joseph Jacobs)的童話故事詩〈傑克與豌豆〉中吃人的巨人的話:"Fee～fi～fo～fum, I smell the blood of an English man, Be he live, or be he dead, I'll grind his bones to make my bread."

階級時,更容易成為社會主義者。工人階級的社會主義者,就像工人階級的天主教徒,不擅長教條,一開口就是異端邪說,但他內心明白問題的核心。他確實明白社會主義意味著推翻暴政這個核心事實,要是把「馬賽曲」[133]翻譯給他,對他的吸引力將遠甚於任何辯證唯物主義的博學論著。現在還堅持接受社會主義就要接受哲學層面的馬克思主義,並對俄國諂媚逢迎,就是浪費時間。社會主義運動沒有時間做什麼辯證唯物主義聯盟,它必須成為被壓迫者反抗壓迫者的聯盟。你必須吸引真心實意的人,必須趕走那些拐彎抹角的自由主義者,他們想摧毀外國法西斯主義,就是為了安心領取自己的薪水——那種決心「反對法西斯主義和共產主義」的人,就是反對老鼠又反對老鼠藥的騙子。社會主義意味著推翻國內國外的暴政。只要你始終突顯這個事實,你就絕不會過度懷疑誰是你真正的支持者。至於細微的差異留待以後爭論吧,和拯救兩千萬因營養不良而形銷骨立的英國人相比,最深刻的哲學差異也無關緊要。

我認為社會主義者不必做任何核心的犧牲,但他必將不得不做大量外圍的犧牲。例如,如果能消除仍然縈繞著社會主義的怪異氛圍,一定大有助益。要是能把羅馬鞋和淡草綠色的襯衫集中一堆燒掉,再把素食主義者、禁酒主義者和偽君子們通

---

[133] 法國國歌,原名〈萊茵軍戰歌〉,法國革命時期創作的、鼓舞士氣、號召人民奮勇反抗壓迫者的歌曲。

✧ Part Two　當人們渴望工作時，才是真正的解放

通送回韋林花園城老家，讓他們在那裡安安靜靜地做他們的瑜伽就好了！但我想這不會發生。然而，聰明一些的社會主義者別再為愚蠢又不相干的事情疏遠可能的支持者卻是可能的。有太多細枝末節的道學框架是可以輕易放下的。就拿典型的馬克思主義者對文學的態度來說吧。我舉一個例子。舊版的《工人週報》（《工人日報》的前輩之一）上曾有一個文學對話專欄，類似「編輯桌上的書」這類的。一連幾週有一些關於莎士比亞的討論。一位義憤填膺的讀者寫道：「親愛的同志，我們不想聽莎士比亞這樣的資產階級作家。你們能告訴我們一些關於無產階級的東西嗎？」諸如此類。編輯的回答簡單明瞭。「如果你翻翻馬克思的《資本論》」，他寫道，「你會發現其中提了好幾次莎士比亞。」請注意：這就足以讓反對者閉嘴了。一旦莎士比亞有了馬克思的加持，人們就肅然起敬了。就是這樣的思維把普通的明白人從社會主義運動中趕走。就算你不喜歡莎士比亞，也會厭煩這種事。此外，幾乎所有的社會主義者都認為必須要用某些術語。當普通人聽見「資產階級意識形態」、「無產階級大團結」、「剝削者的剝削」這種詞，他不會受到鼓舞，他只會覺得噁心。就連「同志」這樣的簡單字彙，也成了敗壞社會主義的名聲。有多少徘徊不決的人正在社會主義的門檻前猶豫，或許去了某個公開集會，看到社會主義者忸怩著一絲不苟地互稱「同志」，於是幻滅地離開，而去了附近的廉價酒吧！他

的直覺是正確的。究竟為什麼要替自己貼上愚蠢的標籤，時間一長，每每提起這標籤都免不了一陣恥辱？讓來打探情況的普通人帶著社會主義者就得穿羅馬鞋，碎碎念著辯證唯物主義這樣的想法離開，且有致命的危害。你必須清楚表明，社會主義運動中有普通人的一席之地，不然就完蛋了。

還有一個巨大的困難，那就是，階級的問題。不同於簡單的經濟地位，它必須用比現在更實際的方式來應對。

我花了三章的篇幅來討論階級難題。我想，浮現出的一個主要事實是，儘管英格蘭的階級制度已經不再有用，它卻依然存在。正統馬克思主義者常常[134]假定社會地位完全由收入決定，這就大大混淆了這個問題。毋庸置疑，從經濟角度說，只有兩個階級——窮人和富人，但是社會上有一整套階級等級，每個階級童年時期學習的行為舉止和傳統不僅大相逕庭，而且通常會伴隨一生——這點很關鍵。因此，你會發現社會每個階級中，都有一些反常的人物。你發現像威爾斯和班尼特這樣的作家，已經大富大貴卻還原封不動地保留了他們下層中產階級的新教偏見；你發現有些百萬富翁說話不帶 H 音；你發現有些小店老闆的收入遠比磚瓦工要低，卻自認為（別人也認為）社會地位比磚瓦工要高；你發現寄宿學校的男生在統治印度各地，公學裡的人們卻在推銷吸塵器。如果社會層級完全

---

[134] 例如，參看阿利‧布朗的《中產階級的命運》，此書某些地方很有意思。

✧ Part Two 　當人們渴望工作時，才是真正的解放

　　和經濟層級一一對應，那麼公學裡的人，哪天收入降到了一年 200 英鎊以下，就該說起倫敦東區的口音。但他有嗎？相反，他的公學派頭馬上就比以前嚴重二十倍。他把校友領帶當作命根子一樣抓著不放。就連說話不帶 H 音的百萬富翁，儘管有時拜訪演說家，學說 BBC 口音，掩飾的效果也總是不甚理想。實際上，要從文化上逃離你出身的階級，非常困難。

　　隨著繁榮消退，社會上的反常人物越來越普遍。你沒有看到更多說話不帶 H 音的百萬富翁，卻看到了越來越多公學的人在推銷吸塵器，越來越多小店老闆被逼進了救濟院。大部分中產階級正在漸漸變成無產者。但重要的一點是，他們沒有，至少第一代人沒有形成無產階級的觀念。就以我來說，我有著資產階級的教養和工人階級的收入。我屬於哪個階級呢？經濟上我屬於工人階級，但在我自己看來，我只能是資產階級的一員。假如我必須選邊站，我應該站到哪一邊呢？是想壓得我活不下去的上層階級還是和我習慣不同的工人階級？就我個人來說，在任何重要的問題上，我很可能會和工人階級站在一邊。但那成千上萬其他差不多同樣處境的人呢？還有那個龐大得多，現在快擴張成百萬大軍的階級 ── 辦公室職員和各種打工者呢？他們傳統上不算是中產階級，但你要是叫他們無產階級，他們一定不接受。所有這些人作為工人階級，都有著同樣的利益、同樣的敵人，全都在被同樣的制度劫掠欺凌。然而他

重拾人性與尊嚴

們有多少人了解到了這一點？到了危急關頭，他們幾乎全都會和他們的壓迫者站到一邊，對付本應是他們盟友的人。很容易想像，中產階級就算被推入最可怕的貧窮深淵，感情上也會依舊反對工人階級。當然，這就成了一個現成的法西斯政黨。

顯然，社會主義運動一定要盡快爭取到受剝削的中產階級，以免為時太晚，最要緊的是必須抓住這群辦公室職員們，他們數量眾多，如果他們知道如何團結起來，力量就會很大，但這一點目前尚未做到。最不可能有革命觀點的人就是小職員或旅行業務員。為什麼？我想，很大原因在於混雜在社會主義宣傳中的「無產階級」話術。為了象徵階級戰爭，建立了一個有幾分虛構的「無產者」形象，一個肌肉發達卻形容憔悴，穿著油膩膩的工作服的男人；與之形成鮮明對比的是「資本家」，一個邪惡的胖子，戴著大禮帽，穿著毛大衣。人們預設這兩者之間，不存在任何其他的形象。當然，真相是，在英格蘭這樣的國家，約有四分之一的人口都處於兩者之間。如果你打算宣揚「無產階級專政」，那麼最基本的工作就要從定義誰是無產階級開始。但由於社會主義者傾向於理想化體力勞動者，這個問題一直說得不夠清楚。可憐的小職員和商場巡視員，某些方面實際上比礦工和碼頭工人境況還差，在他們的大軍中，有多少人自認為是無產階級？對於無產階級，他們傳統的形象是衣服沒領子的人。於是，當你試圖大談「階級戰爭」來打動他們

✦ Part Two　當人們渴望工作時，才是真正的解放

時，你僅僅是嚇壞了他們，他們忘記了自己的收入，記起了自己的口音，馬上為剝削著他們的階級辯護起來。

　　社會主義者有一個任務。他們必須要闡明，剝削者和被剝削者之間的分界線究竟在哪裡。這又是一個堅持的關鍵問題。這裡的關鍵點在於，所有薪資微薄又不穩定的人，都在同一條船上，必須同舟共濟。也許我們可以少提一點「資本家」和「無產階級」，多說一些掠奪者和被掠奪者。但無論如何，我們必須放下那種誤導性的說法，不再假裝只有體力勞動者才是無產階級。一定要讓小職員、工程師、旅行業務員、「失勢」的中產階級人士、鄉村雜貨店老闆、基層公務員以及其他存疑的人物清楚地了解到，他們是無產階級，社會主義對他們和對挖土工人、工廠工人一樣意義重大。絕對不可以讓他們認為，這是一場說話帶 H 音和不帶 H 音的人之間的戰役。

　　我的意思是，必須要說服不同階級共同行動，但暫時不必放下階級差異。這聽起來很危險，很像約克公爵的夏令營。階級合作、發憤圖強這一系列可怕的廢話，若不是表面文章就是法西斯主義，或者兩者都是。根本利益對立的階級之間不可能合作。資本家不可能和無產階級合作。但只要有共同利益作為基礎，就總是有合作的可能。必須共同行動的人，是所有在老闆面前低三下四的人，所有想到房租就不寒而慄的人。這意味著，小業主和工廠工人，打字員和煤礦工人，教師和汽修

重拾人性與尊嚴

工人必須結為盟友。如果能讓他們明白他們的利益何在，就有希望讓他們這麼做。但有些社會偏見很大，如果不必要地挑起了他們的社會偏見，就不會產生結盟。畢竟，銀行職員的優越感根深蒂固，和碼頭工人的行為舉止和傳統確實有別。他以後也許會擺脫這份優越感的，但不是現在。所以，幾乎所有社會主義的宣傳中，都包含著毫無意義地、機械地痛批資產階級的做法，如果能去掉這部分，將會是巨大的優勢。整個左翼的思想和寫作，從《工人日報》的領銜文章到《新聞紀事報》的漫畫專欄，都全方位地流露出一種反紳士傳統，樂此不疲且常常嘲笑紳士的習性和忠誠，或者，用共產主義的話說，叫「資產階級價值觀」。雖然這些痛批資產階級的人本身就是資產階級，他們寫出來的多是謊言，但它危害極大，因為它讓人「一葉障目、不見泰山」。不論你做事的工具是鋼筆還是十字鎬，貧窮就是貧窮，它卻從這個中心事實上轉移了注意力。

再以我來說，我出身中產階級，全部收入大約每星期三英鎊。最好把我納入社會主義陣營而非把我變成法西斯主義者。但如果你不停地拿我的「資產階級意識形態」來欺負我，如果你讓我覺得，因為我從來沒用雙手勞動過，所以就在某種微妙的意義上低人一等，那我必須和你反目。因為你是在告訴我，我是生來一無是處，或是我應該改變自己，而這種改變是我無能為力的。我無法把我的口音、我的某些品味和信仰無產階級

✦ Part Two　當人們渴望工作時，才是真正的解放

化，就算可以我也不願意。我為什麼應該那樣？我沒有要求任何人說我的方言，為什麼別人就可以要求我說他的方言呢？讓這些令人頭痛的階級烙印習以為常，盡量少強調，會好得多。這可以類比種族差異，而經驗證明，人們可以和外國人合作，真有必要時，甚至可以和他們不喜歡的外國人合作。在經濟上，我和礦工、挖土工、農場工在一條船上，提醒我這一點，我就會和他們並肩作戰。但在文化上，我和礦工、挖土工、農場工不同，強調這一點，你可能就會使我與他們為敵。如果我是個孤獨的異類，就沒什麼關係，但對我適用的，對無數其他人也適用。每一個夢到被開除的小職員，每一個在破產懸崖邊搖搖欲墜的小店老闆，基本上都處於相同的境地。這些是快沉沒的中產階級，他們大多數還抓著紳士風度不放，以為這能讓他們浮起來。一開始就要他們扔掉這個救生圈，並不是好方法。今後幾年，大部分中產階級有迅速右傾的危險。在這個過程中他們可能變得威力無比。目前為止，中產階級的弱點在於，他們從來沒學會團結起來，但如果你嚇得他們團結起來對付你，你可能就會發現，你喚醒了一個惡魔，我們在大罷工中已經稍稍見識過這種可能。

　　總而言之，如果我們不能產生有效的社會主義政黨，就不可能匡正我在本書前面的章節中描述的情況，不可能從法西斯的魔爪中救出英格蘭。這必須是一個真正有革命意圖的政

黨，而且必須有足夠強大的人力來行動。要做到這一點，我們必須提出一個普通人認可的目標。因此，比其他所有都重要的是，要有聰明的宣傳。少說「階級意識」、「剝削者的剝削」、「資產階級意識形態」、「無產階級大團結」，更別提那神聖的三姐妹——正題、反題和合題，多說正義、自由、失業者的困境。少說機械進步、拖拉機、聶伯河大壩、莫斯科新開的鮭魚罐頭廠，這種東西不是社會主義要義中不可或缺的部分，而且會趕走很多社會主義事業需要的人，包括那些能拿筆的人。只需要把兩件事深深灌輸到大眾意識就好。第一，是所有被剝削的人有共同的利益；第二，是社會主義和普通的體面並不衝突。

至於階級之分這個大難題，目前唯一可能的做法就是淡然處之，盡量少嚇唬人們。最重要的，別再不遺餘力地努力破除階級。如果你屬於資產階級，不要太熱切地跳上前去擁抱你的無產階級兄弟，他們可能不喜歡這樣，如果他們表現出來不喜歡，你很可能就會發現，你的階級偏見不像你想的消失得那樣徹底。如果你屬於無產階級，不論是出身如此還是實際情況這樣，不要不由自主地嘲笑校友領帶，它代表著忠誠，如果你知道如何處理，它會對你有用處。

但我相信，等到社會主義成為現實，大量英國人真心關注的階級難題就有希望自行解決，而且是無法想像的速度之快。在今後幾年，我們要麼有了我們需要的那個有效的社會主義黨

✧ Part Two　當人們渴望工作時，才是真正的解放

派，要麼沒有。如果沒有，那麼法西斯就要來了，很可能是虛偽的英國式法西斯，有教養的警察會代替納粹暴徒，獅子和獨角獸會代替納粹的「卐」字記號。但如果我們有了，將會發生一場鬥爭，可能是真槍實彈的鬥爭，因為我們的富豪統治者不會真正聽命於真正的革命政府。巨大分歧的不同階級，必然要組成真正的社會主義政黨，當他們並肩作戰後，可能就對彼此有了不同的感覺。到那時，或許這階級偏見的情形就會漸漸淡去，我們這些沒落的中產階級 ── 私人教師、半飢半飽的自由記者、年收入七十五英鎊的老小姐、沒有工作的劍橋畢業生、沒有輪船的船員、小職員、公務員、旅行業務員、鄉鎮裡破產了三次的服裝公司老闆 ── 可能就不再掙扎，而是靜靜落入無產階級之中，這就是我們的歸宿。很可能當我們真成了無產階級，會發現這其實不像我們恐懼的那樣可怕。因為，畢竟，除了一個 H 音，我們也沒什麼可失去的。

重拾人性與尊嚴

國家圖書館出版品預行編目資料

烏托邦的幻象！喬治・歐威爾深入工人階級，洞見社會結構的不平等：他以親身經歷，揭示工業革命後底層人民的掙扎與抗爭 / [英] 喬治・歐威爾（George Orwell）著，梁煜 譯 . -- 第一版 . -- 臺北市：複刻文化事業有限公司 , 2025.03
面；　公分
POD 版
譯自：The road to Wigan Pier
ISBN 978-626-7671-80-1(平裝)
1.CST: 勞動階級　2.CST: 社會問題　3.CST: 社會主義　4.CST: 英國
546.17　　　　　　　　　114002588

電子書購買

爽讀 APP

烏托邦的幻象！喬治・歐威爾深入工人階級，洞見社會結構的不平等：他以親身經歷，揭示工業革命後底層人民的掙扎與抗爭

臉書

作　　　者：[英] 喬治・歐威爾（George Orwell）
譯　　　者：梁煜
責 任 編 輯：高惠娟
發 　行 　人：黃振庭
出　版　者：複刻文化事業有限公司
發　行　者：崧燁文化事業有限公司
E - m a i l：sonbookservice@gmail.com
粉 絲 　頁：https://www.facebook.com/sonbookss/
網　　　址：https://sonbook.net/
地　　　址：台北市中正區重慶南路一段 61 號 8 樓
8F., No.61, Sec. 1, Chongqing S. Rd., Zhongzheng Dist., Taipei City 100, Taiwan
電　　　話：(02) 2370-3310　　　傳　　　真：(02) 2388-1990
印　　　刷：京峯數位服務有限公司
律師顧問：廣華律師事務所　張珮琦律師

-版權聲明

本書版權為樂律文化所有授權崧燁文化事業有限公司獨家發行電子書及紙本書。若有其他相關權利及授權需求請與本公司聯繫。

未經書面許可，不可複製、發行。

定　　　價：299 元
發行日期：2025 年 03 月第一版
◎本書以 POD 印製